"十三五"高等教育教学改革行动计划系列教材 • 会计专业

财务会计

习题与实训

主编 • 丁增稳

電子工業出版社
Publishing House of Electronics Industry
北京 · BEIJING

图书在版编目（CIP）数据

财务会计习题与实训 / 丁增稳主编. —北京：电子工业出版社，2017.1
ISBN 978-7-121-30661-7

Ⅰ. ①财… Ⅱ. ①丁… Ⅲ. ①财务会计－高等职业教育－教学参考资料 Ⅳ. ①F234.4

中国版本图书馆 CIP 数据核字(2016)第 308383 号

策划编辑：尉 敏
责任编辑：李慧君　　文字编辑：杨振英
印　　刷：三河市鑫金马印装有限公司
装　　订：三河市鑫金马印装有限公司
出版发行：电子工业出版社
　　　　　北京市海淀区万寿路 173 信箱　　邮编 100036
开　　本：787×1092　1/16　印张：11　字数：248 千字
版　　次：2017 年 1 月第 1 版
印　　次：2017 年 1 月第 1 次印刷
定　　价：25.00 元

凡所购买电子工业出版社图书有缺损问题，请向购买书店调换。若书店售缺，请与本社发行部联系，联系及邮购电话：（010）88254888，88258888。
质量投诉请发邮件至 zlts@phei.com.cn，盗版侵权举报请发邮件至 dbqq@phei.com.cn。
本书咨询联系方式：（010）88254199，sjb@phei.com.cn。

出版说明

“十三五”高等教育教学改革行动计划系列教材是电子工业出版社为贯彻落实《国务院关于加快发展现代职业教育的决定》精神，积极响应《高等职业教育创新发展行动计划（2015—2018 年）》，邀请多位职业教育教学专家参与指导，在总结近年来我国高等职业教育教学改革系列成果的基础上，依托国家示范院校，组织全国 20 多所高等职业教育示范院校共同编写，契合当前高等职业教育教学发展趋势的重磅产品。

本系列教材遵循职业教育教学规律，顺应职业教育发展趋势。教材建设充分借鉴了工作过程系统化的课程开发原理，采用项目课程的开发方法，重新设计了各专业的课程体系，围绕专业课程标准进行了教学项目设计。在进行教学项目设计时注重学生在校学习与实际工作的一致性，按照岗位工作内容组织教学内容，按照行业工作过程的顺序梳理教学过程；根据工作项目确定教学项目，根据岗位工作任务设定相关学习目标。通过教材建设，有效推进了项目导向、任务驱动等有利于高职学生能力培养的教学模式的实施。

在系列教材建设过程中始终坚持“能力本位、持续发展、工学结合、校企合作”的职业教育理念，以“职业能力”培养作为根本出发点，以“典型岗位任务”为中心整合“知识、素质、技能”等教学内容，突出能力培养过程所必需的“情境”设计、“职业环境”描述、“实践操作”指导等要素，使学习者在学习中逐渐熟悉职业岗位任务，提高职业岗位能力。同时，教材充分考虑了学生的职业发展诉求，在理论教学内容“必需够用”的基础上，兼顾一定的职业延展性。在完成“相关知识”和“业务操作”的基础上，学生可以通过“相关链接”、“拓展阅读”、“小思考”等栏目，思考实际工作中出现的各类实务性问题，提升在基本学习前提下的创新能力和对职业实践操作的逻辑思维能力。多位具有丰富实践经验的行业专家参与了本次教材建设，从而确保教材贴近行业岗位工作实际。

系列教材内容紧跟时代发展步伐，既充分体现了最新法律法规精神，又真正兼顾了相关行业的最新发展趋势。例如，会计、税法相关教材均反映了最新的营改增内容；市场营销专业教材考虑了互联网技术发展以及新媒体营销等新的业态；国际贸易专业综合考虑了电子商务尤其是跨境电商等近年来的发展趋势。为丰富教材的呈现形式，增强学习者的学习兴趣，部分配套资源丰富的教材在书中设置有二维码，方便学生使用移动设备进行移动学习，既丰富了教学和学习手段，又拓展了相关知识和内容。

本系列教材陆续出版之际，诚挚地感谢山西省财政税务专科学校赵丽生校长在设计思路、专家推荐、大纲审定、教材审定等多个环节给予的倾心指导与帮助。诚挚感谢浙江金融职业学院章安平教授、广州番禺职业技术学院杨则文教授在国际贸易专业和金融专业教材建设上给予的全力指导和帮助。感谢丽水职业技术学院梁伟样院长、无锡商业职业技术学院马元兴教授、安徽商业职业技术学院丁增稳教授、河南财政金融学院宁艳岩副教授等专家给予的鼎力支持和帮助。

衷心地希望本系列教材的出版能够为我国高等职业教育教学改革提供一个新的思路和载体。同时，我们也深深知道本系列教材的问世仅仅是我们在职业教育改革进程中的一个新起点。随着经济社会和各个行业的不断发展以及职业教育教学改革的不断深化，我们将持续对教材进行修订和完善，为我国经济社会建设和职业教育事业的繁荣做出应有的贡献。

“十三五”高等教育教学改革行动计划系列教材编写委员会

前　言

为配合“十三五”高等教育教学改革行动计划系列教材会计专业主干课程的教学需要，我们根据《财务会计》教材的内容，编写了《财务会计习题与实训》。

本书按教材项目编写，每个项目由三个部分组成：第一部分为“训练目标”，强调本章训练的具体目标；第二部分为“理论练习题”，包括单项选择题、多项选择题和判断题，其目的是使学习者通过练习全面掌握本项目的基本理论和基本知识；第三部分为“业务实训题”，旨在增强学习者的动手能力、会计职业判断能力和综合运用能力。三个部分层次分明，循序渐进，浑然一体。此外，在教材最后还增加了5套模拟试题，便于学生自我检查学习状况。

为了便于授课教师指导学生练习和实训，我们同时配备了练习与实训的参考答案。有需要的教师与学生可以到华信教育资源网进行下载。

本书由丁增稳担任主编，安徽商贸职业技术学院的吕能芳和南京城市职业技术学院的曹小林担任副主编。曹小林编写项目一至项目三；吕能芳编写项目四至项目八，丁增稳编写导言及项目九至项目十五。在编写过程中，得到了安徽商贸职业技术学院、南京城市职业技术学院和电子工业出版社的大力支持，在此一并表示感谢。

由于本书是按2006年颁布的新企业会计准则和营改增后的最新财税政策编写的，作者在对企业会计准则和营改增政策的把握和理解上可能存在不足，习题及参考答案也可能存在一定的错误，敬请广大读者批评指正，以便我们不断修改完善。

编　者

目 录

导　言

训练目标

1. 熟悉财务会计的产生与发展，理解财务会计的产生及发展与社会、经济、环境等的关系。

2. 熟悉财务会计的特征，明确财务会计的概念。

3. 掌握财务会计系统的内容，熟悉财务会计确认、计量、记录和报告的关系。

4. 掌握财务会计的计量属性，正确运用各种计量属性，提供不同的会计信息。

5. 掌握财务会计目标，正确提供报表使用者的信息。

6. 熟悉会计核算基本前提和会计信息质量要求，明确提供高质量信息的重要性。

理论练习题

一、单项选择题

1. 在会计信息质量要求中，要求企业提供的会计信息应当清晰明了，便于财务会计报告使用者理解和使用。这是（　　）。

A. 可比性原则　　B. 真实性原则

C. 相关性原则　　D. 可理解性原则

2. 企业发生的下列支出，可以作为资产核算的是（　　）。

A. 支付的业务招待费　　B. 支付的专利权研究支出

C. 支付的生产工人工资　　D. 支付的土地使用权出让金

3. 下列项目中，符合资产定义的是（　　）。

A. 经营租入的设备　　B. 购入的专利权

C. 待处理财产损失　　D. 计划购买的某个商品

4. 下列各项支出，应属于费用的是（　　）。

A. 租入固定资产改良支出　　B. 企业销售人员的工资支出

C. 购买土地使用权支出　　D. 在建工程人员工资支出

5. 会计核算上将以融资租赁方式租入的固定资产视为企业的自有资产，其所遵循的会计信息质量要求是（　　）。

A. 实质重于形式原则　　B. 重要性原则

C. 权责发生制原则　　D. 及时性原则

6. 导致权责发生制的产生以及应收、应付等会计处理方法的运用的基本前提或原则是（　　）。

A. 谨慎性原则　　B. 历史成本　　C. 会计分期　　D. 货币计量

7. 下列项目中，不属于"会计信息质量要求"的是（　　）。

A. 及时性　　B. 重要性　　C. 真实性　　D. 历史成本

8. 下列各项中，能够引起负债和所有者权益同时发生变化的是（　　）。

A. 摊销长期待摊费用　　B. 股东大会提出现金股利分配方案

C. 计提长期债券投资利息　　D. 以盈余公积转增资本

9. 对期末存货采用成本与可变现净值孰低法计价，其所体现的会计信息质量要求是（　　）。

A. 及时性原则　　B. 可理解性原则　　C. 谨慎性原则　　D. 可比性原则

10. 企业计提固定资产折旧主要依据的会计核算基本前提或一般原则是（　　）。

A. 货币计量　　B. 持续经营　　C. 一贯性原则　　D. 可比性原则

11. 企业会计核算必须符合国家统一的会计制度规定，这是为了满足（　　）的要求。

A. 相关性原则　　B. 重要性原则　　C. 可比性原则　　D. 可靠性原则

12. 企业将劳动资料划分为固定资产和周转材料，是基于会计信息质量（　　）的要求。

A. 及时性原则　　B. 重要性原则　　C. 谨慎性原则　　D. 可比性原则

二、多项选择题

1. 下列各项中，可以作为一个会计主体的有（　　）。

A. 母公司　　B. 子公司

C. 母子公司组成的企业集团　　D. 子公司下设的分公司

2. 下列各项中，属于会计中期的有（　　）。

A. 年度　　B. 半年度　　C. 季度　　D. 月度

3. 下列各种会计处理方法中，体现谨慎性原则的有（　　）。

A. 固定资产采用双倍余额递减法计提折旧

B. 周转材料价值摊销采用分期摊销法

C. 存货期末采用成本与可变现净值孰低法计价

D. 持有至到期投资采用成本计价

4. 下列各项中，体现会计核算的谨慎性原则的有（　　）。

A. 将融资租入固定资产视为自有资产核算

B. 对固定资产计提减值准备

C. 采用年数总和法计提固定资产折旧

D. 对应收款项计提坏账准备

5. 下列各种会计处理方法，体现谨慎性原则的有（　　）。

A. 对无形资产计提减值准备

B. 交易性金融资产采用公允价值计量

C. 长期股权投资采用成本法核算

D. 存货计提跌价损失准备

6. 根据《企业会计准则——基本准则》，下列各项中，属于我国会计信息质量要求的有（　　）。

A. 权责发生制　　B. 实质重于形式　　C. 重要性　　D. 历史成本

7. 在财务会计中，会计核算内容包括（　　）。

A. 会计确认　　B. 会计计量　　C. 会计记录　　D. 会计报告

8. 下列各项中，能最终引起资产和所有者权益同时减少的项目有（　　）。

A. 计提发行债券利息　　B. 提取固定资产折旧

C. 购入无形资产　　D. 无形资产摊销

9. 下列各项中，属于财务会计计量属性的是（　　）。

A. 历史成本　　B. 可变现净值　　C. 现值　　D. 公允价值

10. 在确认资产要素时，应满足的条件有（　　）。

A. 符合资产要素的定义　　B. 经济利益很可能流入企业

C. 成本或价值能够可靠地计量　　D. 符合历史成本计量属性

三、判断题

1. 利得和损失一定会影响当期损益。（　　）

2. 企业采用的会计政策前后各期应当保持一致，一经选定则不得变更。（　　）

3. 要求同一企业前后各期提供相互可比的会计信息的原则是可比性原则。( )

4. 会计主体与法律主体不完全对等，法律主体可作为会计主体，但会计主体不一定是法律主体。( )

5. 在会计核算的一般原则中，要求会计核算应当以实际发生的经济业务为依据的是历史成本原则。( )

6. 会计核算以人民币为记账本位币，业务收支以外币为主的企业，也可选择某种外币作为记账本位币，但编报的财务会计报表应当折算为人民币反映。( )

7. 企业出售无形资产所取得的收入应在“其他业务收入”账户核算。( )

8. 某一会计事项是否具有重要性，很大程度上取决于会计人员的职业判断。( )

9. 会计主体规定了会计核算内容的空间范围。( )

10. 公允价值是指资产和负债按照在公平交易中熟悉情况的交易双方自愿进行资产交换或者债务清偿的金额。( )

11. 历史成本是目前我国会计计量的基本方法，它贯穿于财务会计的始终。( )

12. 会计计量是指以企业具体会计准则或企业会计制度为判断依据，将某一项目作为资产、负债、收入、费用等正式加以记录和列入财务会计报表的过程。( )

项目一

货币资金的核算

训练目标

1. 理解货币资金管理的重要性，熟悉货币资金的管理制度和各种结算方式的特点、适用范围及核算流程。

2. 掌握库存现金的日常收支核算，加强对库存现金的清查，熟悉货币的识别技术。

3. 熟悉银行结算制度和各种结算凭证，正确运用结算方式，保证资金及时回笼。

4. 掌握银行存款的核算和银行存款余额调节表的编制，保证账款安全完整。

5. 掌握其他货币资金的内容及其核算，正确区分各种其他货币资金的核算范围。

理论练习题

一、单项选择题

1. 下列各项目中，不属于货币资金的是（　　）。

A. 库存现金　　B. 银行存款

C. 其他货币资金　　D. 备用金

2. 企业在现金清查中，经检查仍无法查明原因的现金短缺，经批准后应计入（　　）科目。

A. 财务费用　　B. 管理费用

C. 销售费用　　D. 营业外支出

3. 对于银行已经入账而企业尚未入账的未达账项，企业正确的处理方法是（　　）。

A. 根据“银行对账单”编制记账凭证入账

B. 根据“银行存款余额调节表”编制记账凭证入账

C. 根据“银行存款余额调节表”和“银行对账单”编制记账凭证入账

D. 待有关结算凭证到达后入账

4. 下列各项中，不通过“其他货币资金”科目核算的是（　　）。

A. 信用证存款　　B. 商业汇票

C. 信用卡存款　　D. 银行本票存款

5. 企业将款项汇往外地开立采购专用账户时，应借记的会计科目是（　　）。

A. 材料采购　　B. 在途物资

C. 预付账款　　D. 其他货币资金

6. 将现金存入银行，该笔经济业务应编制的记账凭证为（　　）。

A. 现金收款凭证　　B. 现金付款凭证

C. 银行存款收款凭证　　D. 银行存款付款凭证

7. 企业在进行现金清查时，查出现金溢余，并将溢余数计入“待处理财产损溢”科目，后经进一步核查，无法查明原因，经批准后，将其从“待处理财产损溢”科目转入（　　）科目。

A. 管理费用　　B. 营业外收入

C. 其他应付款　　D. 其他应收款

8. 银行汇票的提示付款期为自出票日起（　　）。

A. 1个月　　B. 2个月　　C. 3个月　　D. 6个月

9. 下列支付结算方式中，需签订购销合同才能使用的是（　　）。

A. 银行汇票　　B. 银行本票　　C. 托收承付　　D. 支票

10. 企业向其开户银行申请办理银行承兑汇票时支付的承兑手续费，应借记（　　）科目。

A. 管理费用　　B. 财务费用

C. 销售费用　　D. 其他业务成本

二、多项选择题

1. 根据《现金管理暂行条例》的规定，下列允许企业支付现金的有（　　）。

A. 支付职工工资 200 000 元

B. 出差人员随身携带的差旅费 2 000 元

C. 用现金 2 300 元收购农副产品

D. 用现金 5 000 元购入原材料

2. 下列各项中，不通过“其他货币资金”科目核算的有（　　）。

A. 银行本票　　B. 现金支票

C. 银行承兑汇票　　D. 存出投资款

3. 根据《银行结算账户管理办法》的规定，企业可以开设的银行结算账户有（　　）。

A. 基本存款账户　　B. 一般存款账户

C. 专户存款账户　　D. 临时存款账户

4. 下列各项中使得企业银行存款日记账余额小于银行对账单余额的有（　　）。

A. 企业开出支票，银行尚未收到

B. 银行误将其他公司的存款计入本企业银行存款账户

C. 银行代扣水电费

D. 银行收到委托收款结算方式下的结算款项，企业尚未收到通知

5. 商业汇票的承兑人可能是（　　）。

A. 购货单位　　B. 购货单位的开户银行

C. 销货单位　　D. 销货单位的开户银行

6. 下列票据可以背书转让的有（　　）。

A. 现金支票　　B. 转账支票　　C. 商业汇票　　D. 银行本票

7. 下列结算方式中，可用于异地结算的有（　　）。

A. 委托收款　　B. 银行本票　　C. 银行汇票　　D. 商业汇票

8. 下列结算方式中，可用于同城和异地结算的有（　　）。

A. 委托收款　　B. 支票　　C. 托收承付　　D. 商业汇票

9. 根据《银行结算账户管理办法》的规定，可以提取现金的票据有（　　）。

A. 支票　　B. 银行本票　　C. 商业汇票　　D. 银行汇票

10. 下列各项中，属于货币资金的有（　　）。

A. 库存现金　　B. 银行存款　　C. 其他货币资金　　D. 备用金

三、判断题

1. 企业职工工资、奖金等现金的支取，只能通过其在银行开立的基本存款账户办理。（　　）

2. 企业可以将当日收到的销货款直接用于购买办公用品。（　　）

3. 库存现金的溢余或短缺，在批准前应通过“待处理财产损溢”科目核算。（　　）

4. 企业一律不得坐支现金。（　　）

5. 银行存款余额调节表不仅是为了核对账目，而且应作为调整银行存款账目余额的原始凭证。（　　）

6. 企业因销售产品而收到的由购买方签发支付的银行汇票应通过“其他货币资金”科目核算。（　　）

7. 银行汇票可以用于同一票据交换区域内。（　　）

8. “库存现金”账户包括企业内部各部门周转使用、由使用部门保管的定额备用金。( )

9. 为了减员增效，企业的出纳人员除登记现金和银行存款日记账外，还可以进行债权债务账目的登记工作。( )

10. 经过银行存款余额调节表调节后的银行存款余额是企业实际可动用的存款余额。( )

业务实训题

实训一

目的：实训货币资金的基本业务处理。

资料：A 公司 3 月 1 日库存现金余额 1 000 元，银行存款余额 260 000 元。本月发生如下经济业务：

1. 开出现金支票向银行提取现金 2 000 元备用。
2. 采购员王明报销差旅费 1 500 元，经批准予以报销，以现金 500 元补足差额（原借款 1 000 元）。
3. 收到买方交来归还货款的转账支票 8 000 元，出纳已将该支票送存银行。
4. 购入材料一批，取得的增值税专用发票上注明价款 30 000 元，增值税 5 100 元，采用汇兑结算方式支付货款，材料已验收入库。
5. 开出现金支票从银行提取现金 180 000 元备发工资。
6. 以现金支付职工工资 180 000 元。
7. 销售产品一批，价款 40 000 元，增值税 6 800 元。价款已经收到，并存入银行。
8. 收到转账支票一张 6 000 元，系保险公司支付的赔款。
9. 企业用现金支付租入设备保证金 800 元。
10. 以银行存款缴纳职工基本养老保险 30 000 元。

要求：

1. 根据资料，逐题编写会计分录（或编制记账凭证）。
2. 开设“库存现金”和“银行存款”日记账，并登记日记账。

实训二

目的：实训现金清查的会计核算。

资料：

1. 在现金清查中发现库存现金溢余 150 元。

2. 经核查，盘盈现金中 100 元系少付张浩的补助款，其余现金原因不明，批准列入收入。

3. 在现金清查中发现现金短少 605 元，原因不明。

4. 经核查，其中 600 元属出纳员私自借款，已经收回；其余 5 元无法查明原因，批准转账。

要求：根据资料，分别作现金清查的相关会计分录。

实训三

目的：实训其他货币资金的会计核算。

资料：甲企业本月发生下列有关其他货币资金的经济业务：

1. 企业向其开户银行申请办理银行汇票 80 000 元，已办妥相关手续，采购员李清持票到外地采购。

2. 企业购入材料一批，取得增值税专业发票上注明价款 20 000 元，增值税 3 400 元，材料已验收入库，款项以企业外埠存款支付。

3. 企业用信用卡支付购买办公用品费 3 000 元。

4. 采购员李清交来购入材料取得的增值税专业发票，价款 60 000 元，增值税 10 200 元，材料尚未验收入库，款项以银行汇票结算，余款转回企业基本存款账户。

5. 企业向证券公司指定银行存入 5 000 000 元，开立投资账户，用于购买股票。

要求：根据资料，编制会计分录。

实训四

目的：实训银行存款余额调节表的编制。

资料：甲公司 2016 年 12 月发生与银行存款有关的业务如下。

1. 12 月 28 日，甲公司收到 A 公司开出的 480 万元转账支票，交存银行。该笔款项系 A 公司违约支付的赔款，甲公司将其计入当期损益。

2. 12 月 29 日，甲公司开出转账支票支付 B 公司咨询费 360 万元，并于当日交给 B 公司。

3. 12 月 31 日，甲公司银行存款日记账余额为 432 万元，银行转来对账单余额为 664 万元。经逐笔核对，发现以下未达账项：

① 甲公司已将 12 月 28 日收到的 A 公司赔款登计入账，但银行尚未记账。

② B 公司尚未将 12 月 29 日收到的支票送存银行。

③ 甲公司委托银行代收 C 公司购货款 384 万元，银行已于 12 月 30 日收妥并登计入账，但甲公司尚未收到收款通知。

④ 12 月甲公司发行借款利息 32 万元，银行已减少其存款，但甲公司尚未收到银行的付款通知。

要求：

1. 编制甲公司上述两项业务的会计分录。
2. 根据上述资料编制甲公司银行存款余额调节表。

（答案中的金额单位用万元表示）

项目二

存货的核算

训练目标

1. 理解存货的概念和确认条件，正确判断和把握企业存货核算的范围。

2. 掌握存货成本的组成内容，正确确定不同类型存货的成本。

3. 掌握发出存货的计价方法，熟练运用不同计价方法计算发出存货的成本。

4. 比较不同存货计价方法，说明它们对企业的资产负债表和利润表产生的影响。

5. 掌握存货按实际成本计价法的核算原理，熟练完成外购存货及其他存货的核算。

6. 掌握存货按计划成本计价法的核算原理，熟练完成存货的核算和信息提供。

7. 比较存货按实际成本计价和按计划成本计价的优劣，把握存货计价方法的适用范围，使存货与存货计价方法有机组合。

8. 回忆并复习存货盘存制度，正确地对发生的存货盘盈或盘亏进行会计处理。

9. 理解可变现净值的含义，正确运用企业会计准则的规定，计算不同存货的可变现净值。

10. 理解成本与可变现净值孰低法的核算原理，进行存货跌价准备的计提和转回。

理论练习题

一、单项选择题

1. 甲工业企业为增值税小规模纳税人。本月外购原材料一批，价格为 10 000 元，增值税为 1 700 元，入库前发生的挑选整理费为 500 元。该批原材料的入账价值为（　　）元。

A. 10 000　　B. 11 700　　C. 10 500　　D. 12 200

2. 下列存货发出的计价方法中，不利于存货成本日常管理与控制的方法是（　　）。

A. 先进先出法　　B. 移动加权平均法

C. 月末一次加权平均法　　D. 个别计价法

3. 某企业为增值税小规模纳税人。该企业购入甲材料 600 千克，每千克含税单价为 50 元，发生的运杂费为 2 000 元，运输途中发生合理损耗 10 千克，入库前发生的挑选整理费用为 200 元。该批甲材料的入账价值为（　　）元。

A. 30 000　　B. 32 000　　C. 32 200　　D. 32 700

4. 某企业月初结存材料的计划成本为 30 000 元，成本差异为超支 200 元；本月入库材料的计划成本为 70 000 元，成本差异为节约 700 元。当月生产车间领用材料的计划成本为 60 000 元。当月生产车间领用材料应负担的材料成本差异为（　　）元。

A. –300　　B. 300　　C. –540　　D. 540

5. 企业对于已计入“待处理财产损溢”科目的存货盘亏及毁损事项进行会计处理时，应计入管理费用的是（　　）。

A. 管理不善造成的存货净损失　　B. 自然灾害造成的存货净损失

C. 应由保险公司赔偿的存货净损失　　D. 应由过失人赔偿的存货净损失

6. 某百货超市年初库存商品的成本为 28 万元，售价金额为 35 万元；当年购入商品的成本为 20 万元，售价总额为 25 万元；当年实现的销售收入为 42 万元。在采用售价金额核算法的情况下，该超市 2016 年年末库存商品的成本为（　　）万元。

A. 18　　B. 14.4　　C. 12　　D. 9.6

7. 在出租包装物采用一次摊销的情况下，出租包装物报废时收回的残料价值应冲减的是（　　）。

A. 原材料　　B. 其他业务成本　　C. 包装物成本　　D. 销售费用

8. 在物价持续上涨的情况下，下列各种存货计价方法中，使期末存货价值最大的是（　　）。

A. 先进先出法　　B. 个别计价法

C. 月末一次加权平均法　　D. 移动加权平均法

9. 某商场采用毛利率法对商品的发出和结存进行日常核算。4 月，甲类商品期初库存余额为 20 万元。该类商品本月购进 60 万元，本月销售收入为 92 万元，本月销售折让为 2 万元。上月该类商品按扣除销售折让后计算的毛利率为 30%。假定不考虑相关税费，该年 4 月该类商品月末库存成本为（　　）万元。

A. 15.6　　B. 17　　C. 52.4　　D. 53

10. 某企业采用计划成本进行材料的日常核算。2016 年 8 月，月初结存材料计划成本为 300 万元，本月收入材料计划成本为 700 万元；月初结存材料成本差异为超支 2 万元，本月收入材料成本差异为节约 10 万元。本月发出材料计划成本为 800 万元。本月结存材料的实际成本为（ ）万元。

A. 197.6 B. 202.4 C. 201.6 D. 198.4

11. 甲工业企业为增值税一般纳税人，适用的增值税税率为17%。本期购入材料100千克，不含税价款为57 000元。验收入库时发现短缺5%，经查属于运输途中的合理损耗。该批原材料入库前挑选整理费用为380元。该批原材料的实际成本为每千克（ ）元。

A. 545.3 B. 573.8 C. 604 D. 706

12. 下列各项业务中，不会引起期末存货账面价值发生增减变动的是（ ）。

A. 已发出商品但尚未确认销售

B. 已确认销售但尚未发出商品

C. 计提存货跌价准备

D. 已收到发票账单并付款但尚未收到材料

13. 某商场采用售价金额核算法对库存商品进行核算。本月初库存商品的进价成本为6万元，售价总额为9万元；本月购进商品的进价成本为8万元，售价总额为11万元；本月销售商品的售价总额为15万元。该商场月末库存商品的实际成本为（ ）万元。

A. 3.5 B. 4.5 C. 10.5 D. 14

14. 某企业存货的日常核算采用毛利率法计算发出存货成本。该企业2016年8月的实际毛利率为30%；本年度9月1日的存货成本为1 200万元；9月购进的存货成本为2 800万元，销售收入为3 000万元，销售退回为300万元。该企业9月的存货成本为（ ）万元。

A. 1 300 B. 1 900 C. 2 110 D. 2 200

15. 下列原材料相关损失项目中，应计入营业外支出的是（ ）。

A. 计量差错引起的原材料盘亏 B. 自然灾害造成的原材料损失

C. 原材料运输途中发生的合理损耗 D. 人为原因造成的原材料损失

16. 存货计价采用成本与可变现净值孰低法，体现会计信息质量要求的是（ ）。

A. 谨慎性原则 B. 配比原则 C. 一贯性原则 D. 客观性原则

17. 企业发生的原材料盘亏或毁损损失中，不应作为管理费用列支的是（ ）。

A. 自然灾害造成的存货净损失 B. 管理不善造成的盘亏损失

C. 保管中发生的定额内自然损耗 D. 收发计量差错造成的盘亏损失

18. 下列各项支出中，一般纳税人不计入存货成本的是（ ）。

A. 购入存货时发生的增值税进项税额

B. 入库前的挑选整理费用

C. 购买材料而发生的定额内合理损耗

D. 购买材料而支付的进口关税

19. 企业接受投资者投入存货时，其入账价值的依据为（ ）。

A. 有关凭据中标明的金额加相关税费

B. 同类存货的市场价格

C. 所接受存货的未来现金流量的现值

D. 投资各方确认的价值

20. 企业某种存货的期初实际成本为200万元，期初“存货跌价准备”账户贷方余额为2.5万元，本期购入该种存货的实际成本为45万元，领用存货为150万元，期末估计库存该种存货的可变现净值为91万元。则本月应计提的存货跌价准备为（　　）万元。

A. 1.5　　B. 2.5　　C. 4　　D. 9

二、多项选择题

1. 下列存货的盘亏或毁损损失，经批准后，应作为管理费用列支的是（　　）。

A. 自然灾害造成的存货净损失　　B. 管理不善造成的盘亏损失

C. 保管中发生的定额内自然损耗　　D. 收发计量差错造成的盘亏损失

2. 下列各项税金中，构成相关资产成本的有（　　）。

A. 一般纳税人购入材料发生的运输费所支付的增值税

B. 用于连续生产的委托加工应税消费品由委托方代收代缴的消费税

C. 用于职工食堂工程所领用的库存原材料已支付的增值税进项税额

D. 小规模企业购买的原材料所支付的增值税进项税额

3. 下列各项中，应计入其他业务成本的有（　　）。

A. 随同产品出售不单独计价的包装物成本

B. 对外销售的原材料成本

C. 随同产品出售单独计价的包装物成本

D. 领用的用于出借的新包装物成本

4. 下列各项中，应计入销售费用的有（　　）。

A. 随同产品出售单独计价的包装物成本

B. 分期摊销的出租包装物成本

C. 随同产品出售不单独计价的包装物成本

D. 分期摊销的出借包装物成本

5. 甲企业为增值税一般纳税人，委托外单位加工一批材料（属于应税消费品）。该批原材料加工收回后用于连续生产应税消费品。甲企业发生的下列各项支出中，会增加收回委托加工材料实际成本的有（　　）。

A. 支付的运杂费　　B. 支付的增值税

C. 支付的加工费　　D. 支付的消费税

6. 下列项目中，在编制资产负债表时应列入“存货”项目的有（　　）。

A. 在途物资　　B. 发出商品　　C. 委托加工物资　　D. 工程物资

7. 下列各项中，应计入企业外购存货入账价值的有（　　）。

A. 存货的购买价格　　B. 存货途中的合理损耗

C. 入库前的挑选整理费用　　D. 运输途中的保险费

8. 计算存货可变现净值时，可以从估计售价中扣除的项目有（　　）。

A. 存货的账面价值　　B. 存货估计完工成本

C. 存货的储存费用　　D. 销售所必需的估计费用

9. 下列各种物资中，应作为企业存货核算的有（　　）。

A. 委托加工物资　　B. 周转材料　　C. 工程物资　　D. 库存商品

10. 在采用计划成本法核算存货时，应设置的会计科目有（　　）。

A. 在途物资　　B. 原材料

C. 材料采购　　D. 材料成本差异

三、判断题

1. 以前会计期间已计提存货跌价准备的某项存货，当其可变现净值恢复到等于或大于成本时，应该将该项存货的跌价准备的账面已提数全部冲回。(　　)

2. 自然灾害或意外事故以外的原因造成的存货毁损所发生的净损失，均应计入管理费用。(　　)

3. 采用定期盘存制时，平时只记录存货购进的数量和金额，不记存货发出的数量和金额，期末通过实地盘点确定存货的实际结存数量，并据以计算出期末存货的成本和当期耗用或已销售存货的成本。(　　)

4. 股份有限公司在对外提供财务会计报告时，对于报告期末盘亏的存货，如未得到批准，可不作账务处理。(　　)

5. 企业盘盈或盘亏的存货，如在期末结账前尚未批准处理，应在对外提供财务会计报告时先进行处理，并在会计报表附注中作出说明。(　　)

6. 委托加工物资收回后，用于连续生产的，委托方应将代收代缴的消费税计入委托加工物资的成本。(　　)

7. 存货跌价准备应按单个存货项目的成本低于其可变现净值的差额提取。(　　)

8. 工业企业的包装材料和包装物都是为包装本企业产品而储备的材料，都应在“周转材料”科目核算。(　　)

9. 企业采用计划成本核算原材料，平时收到原材料时应按实际成本借记“原材料”科目，领用或发出原材料时应按计划成本贷记“原材料”科目，期末再将发出材料和期末材料调整为实际成本。(　　)

10. 存货计价方法的选择不仅影响资产负债表中资产总额的多少，而且也影响利润表中的净利润。(　　)

业务实训题

实训一

目的：实训企业取得存货按实际成本计价的核算。

资料：兴达公司为增值税一般纳税人，增值税一般税率为 17%，运输劳务增值税税率为 11%，物流辅助服务增值税税率为 6%。存货按实际成本进行收发的核算，2016 年 11 月发生业务如下：

1. 2 日，从本市一家公司购入甲材料 30 吨，每吨不含税价格为 1 600 元，公司开出转账支票支付货款及税款，同时以现金 333 元（含税价）支付运输费，材料已验收入库。

2. 5 日，收到外地企业发来的乙材料 20 吨，每吨 1 400 元，上月已预付货款 20 000 元，材料已如数验收入库，公司以银行存款支付欠款及外地运杂费 222 元（含税价）。

3. 10 日，向本市某公司购入丙材料 30 吨，每吨 8 000 元。企业开出银行承兑汇票一张并承兑。该银行承兑汇票面值为 280 800 元，期限为 3 个月。材料已验收入库。

4. 14 日，向外地企业购入甲材料 30 吨，每吨 1 500 元，对方代垫运杂费 666 元（含税价），款项及税款以银行本票支付，材料未到。

5. 21 日，收到 14 日所购的材料，验收时发现短少 500 千克，原因不明，其余材料已验收入库。

6. 24 日，收到调查报告，查明 21 日短少的 500 千克甲材料中 400 千克系铁路部门运输丢失，同意赔偿，款未收到；另 100 千克属于途中的合理损耗。

7. 31 日，从外地一家企业购入丁材料 3 吨，每吨 6 000 元，材料已验收入库，但发票账单尚未收到。

8. 31 日，收到铁路部门赔偿的价款 600 元，存入银行。

要求：逐题编制会计分录。

实训二

目的：实训企业按实际成本进行存货收发的核算。

资料：茂源公司为增值税一般纳税人，采用实际成本进行存货的日常核算。增值税一般税率为 17%，运输劳务增值税税率为 11%，物流辅助服务增值税税率为 6%。2016 年 8 月 1 日有关账户的期初余额如下：

序　号	总分类科目	明细科目	金　额
1	在途物资	甲材料	4 000 元
2	周转材料		5 000 元
3	委托加工物资	B 企业	2 000 元

续表

序　号	总分类科目	明细科目	金　额
4	原材料	甲材料	578 000 元
5	应付账款	暂估应付账款	5 000 元

注："原材料——甲材料"月初结存 5 780 千克，单价 100 元，实际成本 578 000 元。

2016 年 8 月发生如下经济业务事项：

1. 1 日，对上月末暂估入账的甲材料进行会计处理。

2. 3 日，上月已付款的甲材料 40 千克，每千克 100 元，全部收到，并验收入库。

3. 8 日，从 A 企业购入甲材料 500 千克，单价 100 元，增值税专用发票上注明的增值税为 8 500 元；另外，A 企业还代垫运费 500 元，增值税专用发票上注明的增值税为 55 元。全部货款已用银行存款支付，材料已验收入库。

4. 10 日，收到上月委托 B 企业加工的包装物，并已验收入库，入库成本为 2 000 元。

5. 13 日，持银行汇票 200 000 元从 C 企业购入甲材料 1 600 千克，单价为 100 元，增值税专用发票上注明的增值税为 27 200 元，对方代垫运杂费 500 元，增值税专用发票上注明的增值税为 55 元，材料尚未到达。

6. 15 日，收到从 C 企业购入的材料，并已验收入库。同时，收回银行汇票多余票款存入银行。

7. 20 日，收到上月估价入账的材料发票账单，共采购甲材料 50 千克，增值税专用发票上注明的货款为 5 000 元，增值税为 850 元，开出银行承兑汇票承付。

8. 22 日，收到 D 企业发来的甲材料 80 千克，并已验收入库。该批材料货款 8 000 元，增值税税额 1 360 元，对方代垫运杂费 640 元，增值税专用发票上注明的增值税 70.40 元。为购买该批材料，企业已于上月预付货款 6 000 元，收到材料后企业用银行存款补付余款。

9. 30 日，结转本月随同产品出售不单独计价的包装物成本 6 000 元。

10. 30 日，根据"发料凭证汇总表"，本月领用甲材料汇总情况如下：基本生产车间为产品生产领用 5 000 千克，车间一般耗用 300 千克，辅助生产车间领用 600 千克，管理部门领用 100 千克。

要求：

1. 设置"在途物资"和"原材料——甲材料"明细账户，并登记期初余额。
2. 编制第 1 ~ 9 项业务的会计分录。
3. 采用月末一次加权平均法登记"原材料——甲材料"明细账，并计算加权平均单价。
4. 计算发出甲材料和结存甲材料的实际成本，并编制会计分录。

实训三

目的：实训存货按实际成本发出的核算。

资料：京都公司存货按实际成本计价进行核算。2016 年 12 月 1 日结存 A 材料 100 千克，每千克实际成本 100 元。本月发生如下经济业务：

1. 3 日，购入 A 材料 50 千克，每千克实际成本 105 元，材料已验收入库。
2. 5 日，发出 A 材料 80 千克。
3. 7 日，购入 A 材料 70 千克，每千克实际成本 98 元。材料已验收入库。
4. 12 日，发出 A 材料 130 千克。
5. 20 日，购入 A 材料 80 千克，每千克实际成本 110 元，材料已验收入库。
6. 25 日，发出 A 材料 30 千克。

要求：

1. 开设原材料明细账，采用先进先出法计算发出材料和结存材料的实际成本。
2. 开设原材料明细账，采用一次加权平均法计算发出材料和结存材料的实际成本。

实训四

目的：实训存货按计划成本发出的核算。

资料：甲公司原材料日常收发及结存采用计划成本核算。月初结存材料的计划成本为 600 000 元，实际成本为 605 000 元，本月入库材料的计划成本为 1 400 000 元，实际成本为 1 355 000 元。

当月发出原材料（计划成本）情况如下：

基本生产车间领用	800 000 元
在建工程领用	200 000 元
车间管理部门领用	5 000 元
企业管理部门领用	15 000 元

要求：

1. 计算当月的材料成本差异率。
2. 编制发出材料的会计分录。
3. 编制月末结转本期发出材料成本差异的会计分录。

实训五

目的：实训存货按计划成本收发的核算。

资料：某企业为增值税一般纳税人，材料按计划成本计价核算，甲材料计划成本为 10 元/千克。该企业 2016 年 12 月有关资料如下：

1. “原材料”科目月初借方余额 20 000 元，“材料成本差异”科目月初贷方余额 730 元，“材料采购”科目月初借方余额 38 800 元（上述科目核算的均为甲材料）。
2. 5 日，企业上月已付款的甲材料 4 040 千克如数收到，已验收入库。

3. 20 日，从外地 A 公司购入甲材料 8 000 千克，增值税专用发票注明的材料价款为 84 500 元，增值税税额 14 365 元；企业已用银行存款支付各种款项，材料尚未到达。

4. 25 日，从 A 公司购入的甲材料到达，验收入库时发现短缺 40 千克，经查明为途中超定额自然损耗，允许计入采购货物的实际成本。

5. 30 日，汇总本月发料凭证，本月共发出材料 11 000 千克，全部用于产品生产。

要求：

1. 编制第 2 ~ 5 项业务的会计分录，并随时结转材料成本差异。
2. 计算本月材料成本差异率。
3. 计算本月发出材料应负担的成本差异，并编制本期发出材料成本差异的会计分录。
4. 计算月末库存材料的实际成本。

实训六

目的：实训存货按计划成本收发的核算，并随时结转材料成本差异。

资料：某企业为增值税一般纳税人，适用的增值税税率为 17%，按计划成本计价进行材料的日常核算。

假定该企业只有 A、B 两种材料。A 材料计划单位成本为 40 元，B 材料计划单位成本为 100 元。2016 年 12 月初库存 A 材料 3 000 千克，库存 B 材料 1 400 千克。12 月初“材料成本差异”科目借方余额为 3 060 元。

该企业 12 月发生下列经济业务：

1. 购入 A 材料 1 500 千克，材料价款 57 000 元，增值税 9 690 元，用银行存款支付，材料尚未入库。
2. 购入 B 材料 800 千克，材料价款 76 000 元，增值税 12 920 元，发票账单已到，企业开出一张商业汇票，材料已验收入库。
3. 购入 A 材料 500 千克，材料已入库，但发票账单未到。
4. 收到乙企业投资转入的 B 材料 2 000 千克，双方协商的材料价格为 195 000 元，增值税为 33 150 元，材料已验收入库。
5. 生产车间领用 A 材料 3 200 千克，其中 3 000 千克用于产品生产，200 千克用于一般消耗；领用 B 材料 2 900 千克，全部用于产品生产。
6. 管理部门领用 A 材料 20 千克。
7. 计算本月材料成本差异率。
8. 计算本月发出材料应负担的成本差异，并编制会计分录。
9. 计算本月库存材料应负担的成本差异。
10. 计算本月库存材料的实际成本。

要求：

1. 根据以上资料，编制第1~8项业务的会计分录。

2. 设置“原材料”、“材料采购”、“材料成本差异”总账，开设“原材料——A材料”和“原材料——B材料”的明细分类账户，并根据以上资料登记相关明细账。

实训七

目的：实训存货期末计价的核算。

资料：某股份有限公司对存货的期末计价采用成本与可变现净值孰低法。某项存货有关资料如下：

1. 2015年12月31日成本为200 000元，可变现净值为190 000元。

2. 2016年6月30日成本为210 000元，可变现净值为198 000元。

3. 2016年12月31日成本为180 000元，可变现净值为179 000元。

4. 2017年6月30日成本为195 000元，可变现净值为204 000元。

要求：

1. 计算各期计提的存货跌价准备。

2. 逐题编制会计分录。

实训八

目的：综合实训存货按实际成本计价的核算。

资料：甲企业为增值税一般纳税人，增值税税率为17%，运输劳务增值税税率为11%，物流辅助服务增值税税率为 6%。原材料采用实际成本核算，原材料发出采用月末一次加权平均法计价。

2016年11月，与A材料相关的资料如下：

1. 1日，“原材料——A材料”科目余额20 000元（共2 000千克，其中含10月末验收入库但因发票账单未到而以2 000元暂估入账的A材料200千克）。

2. 5日，收到10月末以暂估价入库A材料的发票账单，货款1 800元，增值税额306元；对方代垫运输费400元，增值税税额为44元，全部款项已用转账支票付讫。

3. 8日，以汇兑结算方式购入A材料3 000千克，发票账单已收到，货款36 000元，增值税税额6 120元；运输费用1 000元，增值税税额110元。材料尚未到达，款项已由银行存款支付。

4. 11日，收到8日采购的A材料，验收时发现只有2 950千克。经检查，短缺的50千克确定为运输途中的合理损耗，A材料验收入库。

5. 18日，持银行汇票80 000元购入A材料5 000千克，增值税专用发票上注明的货款为49 500元，增值税税额为8 415元，另支付运输费用2 000元，增值税税额为220元，材料已验收入库，剩余票款退回并存入银行。

6. 21 日，基本生产车间自制 A 材料 50 千克验收入库，总成本为 600 元。

7. 30 日，根据“发料凭证汇总表”的记录，11 月基本生产车间为生产产品领用 A 材料 6 000 千克，车间管理部门领用 A 材料 1 000 千克，企业管理部门领用 A 材料 1 000 千克。

要求：

1. 计算甲企业 11 月发出 A 材料的单位成本。
2. 根据上述资料，编制甲企业 11 月与 A 材料有关的会计分录。

项目三

金融资产的核算

训练目标

1. 熟悉金融资产的分类及其判断标准，正确区分不同类别的金融资产。

2. 掌握金融资产的确认和初始计量原理，熟练进行金融资产的会计处理。

3. 掌握实际利率法的计算原理，运用实际利率法确定金融资产的收益。

4. 掌握各类金融资产的后续计量，能够正确处理不同金融资产公允价值变动形成的利得或损失。

5. 熟悉不同类金融资产的转换条件，不得随意进行不同类型金融资产的转换。

6. 熟悉金融资产减值损失的确认条件，正确处理金融资产减值损失。

理论练习题

一、单项选择题

1. 企业取得交易性金融资产时，发生的交易费用，应借记的会计科目是（　　）。

A. 交易性金融资产　　B. 投资收益

C. 财务费用　　D. 管理费用

2. 企业取得交易性金融资产时，支付的价款中所包含的、已到付息期但尚未领取的利息或已宣告但尚未发放的现金股利，应计入的会计科目是（　　）。

A. 应收利息或应收股利　　B. 交易性金融资产

C. 财务费用　　D. 投资收益

3. 甲公司于 2016 年 11 月 30 日从证券市场购入乙公司发行在外的股票 100 万股作为交易性金融资产，每股支付价款 10 元（含已宣告但尚未发放的现金股利 2 元），另支付相关费用 15 万元，甲公司交易性金融资产取得时的入账价值为（　　）万元。

A. 1 000　　B. 1 015　　C. 800　　D. 815

4. 企业将部分持有至到期投资出售，应将该投资的剩余部分重分类为可供出售金融资产，并将其账面余额与公允价值之间的差额，计入（　　）。

A. 其他综合收益　B. 投资收益　　C. 营业外收入　　D. 资本公积

5. 企业于 2016 年 11 月 5 日从证券市场上购入甲公司发行在外的股票 200 万股作为可供出售金融资产，每股支付价款 4 元（含已宣告但尚未发放的现金股利 0.5 元），另支付相关费用 12 万元，则企业可供出售金融资产取得时的入账价值是（　　）。

A. 700 万元　　B. 800 万元　　C. 712 万元　　D. 812 万元

6. 企业于 2016 年 11 月 5 日从证券市场上购入发行在外的股票 200 万股作为交易性金融资产，每股支付价款 5 元，另支付相关费用 20 万元。2016 年 12 月 31 日，该股票的公允价值为 1 050 万元，则企业 2016 年 12 月 31 日应确认的公允价值变动损益是（　　）万元。

A. 0　　B. +50　　C. +30　　D. −50

7. 下列关于交易性金融资产的后续计量表述，正确的是（　　）。

A. 按照公允价值进行后续计量，公允价值变动计入当期投资收益

B. 按照摊余成本进行后续计量

C. 按照公允价值进行后续计量，变动计入资本公积

D. 按照公允价值进行后续计量，公允价值变动计入当期公允价值变动损益

8. 企业 2016 年 1 月 1 日购入股票作为交易性金融资产，实际支付价款 200 万元，另支付相关税费 6 万元，2016 年 12 月 31 日公允价值为 190 万元。2016 年 12 月 31 日该交易性金融资产的公允价值变动损益是（　　）。

A. 16 万元　　B. 10 万元　　C. 0 万元　　D. 4 万元

9. 企业 2016 年 1 月 1 日购入股票作为交易性金融资产，实际支付价款 100 万元，另支付相关税费 5 万元，2016 年 12 月 31 日公允价值为 120 万元。2016 年 12 月 31 日该交易性金融资产的账面价值是（　　）。

A. 120 万元　　B. 100 万元　　C. 125 万元　　D. 105 万元

10. 下列应收、暂付款项中，不通过“其他应收款”科目核算的是（　　）。

A. 应收保险公司的赔款　　B. 存出包装物押金

C. 应向职工收取的各种代付款项　　D. 应向购货方收取的代垫运杂费

11. 计提的坏账准备应借记的会计科目是（　　）。

A. 管理费用　　B. 财务费用

C. 营业外支出　　D. 资产减值损失

12. 现金折扣采用总价法核算，应将（　　）作为应收账款的入账价值。

A. 未扣减商业折扣前的金额　　B. 未扣减现金折扣前的金额

C. 扣减现金折扣后的金额　　D. 扣减商业折扣和现金折扣后的金额

13. 企业预收款项情况不多的可以将预收款项直接计入（　　）科目。

A. 应收账款　　B. 应收票据

C. 应付账款　　D. 应付票据

14. 企业某项应收账款 50 000 元，现金折扣条件为 2/10、1/20、*n*/30，客户在第 20 天付款，应给予客户的现金折扣是（　　）元。

A. 1 000　　B. 750　　C. 500　　D. 0

15. 企业持有的商业汇票面值 100 000 元，票面利率 8%，期限 3 个月，该票据的到期值是（　　）元。

A. 100 000　　B. 108 000　　C. 102 000　　D. 124 000

16. 企业赊销商品一批，标价 20 000 元，商业折扣 10%，增值税税率 17%，现金折扣条件为 2/10、1/20、*n*/30。企业销售商品时代垫运杂费 400 元（含税价），若企业按总价法核算，则应收账款的入账金额是（　　）元。

A. 21 060　　B. 200 000　　C. 21 460　　D. 23 400

17. 企业 2016 年 2 月 10 日销售商品一批，应收账款 1 200 万元，2016 年 12 月 31 日该笔应收账款的未来现金流量现值为 950 万元。在此之前未计提坏账准备，2016 年 12 月 31 日该笔应收账款应计提的坏账准备是（　　）万元。

A. 300　　B. 100　　C. 250　　D. 0

18. 甲企业销售一批商品给乙企业，收到乙企业商业承兑汇票一张，甲企业在该票据到期前向银行贴现，且银行拥有追索权，则甲企业实际收到的金额与票据金额之间的差额应确认为（　　）。

A. 应收账款　　B. 投资收益　　C. 财务费用　　D. 应收票据

19. 甲公司购入某上市公司 2%的普通股份，暂不准备随时变现，甲公司应将该项投资划分为（　　）。

A. 交易性金融资产　　B. 持有至到期投资

C. 长期股权投资　　D. 可供出售金融资产

20. 在已确认减值损失的金融资产价值恢复时，下列金融资产的减值损失不得通过损益转回的是（　　）。

A. 持有至到期投资的减值损失

B. 贷款及应收款项的减值损失

C. 可供出售权益工具投资的减值损失

D. 可供出售债务工具投资的减值损失

二、多项选择题

1. 下列项目中，属于金融资产的有（　　）。

A. 库存现金　　B. 应收账款

C. 持有至到期投资　　D. 预收账款

2. 关于应收款项，下列说法中正确的有（　　）。

A. 企业对外销售商品形成的债权，通常按从购货方应收的合同或协议价作为初始确认金额

B. 企业收回应收款项时，应将取得的价款与该应收款项账面价值之间的差额计入当期损益

C. 企业收回应收款项时，应将取得的价款与该应收款项账面余额之间的差额计入当期损益

D. 企业收回应收款项时，应将取得的价款与该应收款项账面价值之间的差额计入所有者权益

3. 下列项目中，可作为交易性金融资产的有（　　）。

A. 企业以赚取差价为目的从二级市场购入的股票

B. 企业以赚取差价为目的从二级市场购入的债券

C. 企业以赚取差价为目的从二级市场购入的基金

D. 到期日固定、回收金额固定或可确定，且企业有明确意图和能力持有至到期的非衍生金融资产

4. 下列项目中，可作为持有至到期债券投资的有（　　）。

A. 企业从二级市场购入的固定利率的国债

B. 企业从二级市场购入的浮动利率公司债券

C. 购入的股权投资

D. 期限较短（1 年以内）的债券投资

5. 交易性金融资产科目借方登记的内容有（　　）。

A. 交易性金融资产的取得成本

B. 资产负债表日其公允价值高于账面余额的差额

C. 取得交易性金融资产所发生的相关交易费用

D. 资产负债表日其公允价值低于账面余额的差额

6. 下列各项中，构成应收账款入账价值的有（　　）。

A. 销售商品时尚未收到的价款　　B. 代购货方垫付的包装费

C. 代购货方垫付的运杂费　　D. 销售商品发生的商业折扣

7. 下列各项中，应通过“其他应收款”科目核算的有（　　）。

A. 代购货单位垫付的运杂费　　B. 收到的包装物押金

C. 应收的各种赔款　　　　　　　　　D. 应向职工收取的各种垫付款

8. 下列各项业务中，应计入“坏账准备”科目贷方的有（　　）。

A. 冲回多提的坏账准备　　　　　　　B. 当期确认的坏账损失

C. 当期应补提的坏账准备　　　　　　D. 已转销的坏账当期又收回

9. 按现行企业会计制度规定，不能用“应收票据”、“应付票据”核算的票据有（　　）。

A. 银行汇票　　　　　　　　　　　　B. 银行承兑汇票

C. 银行本票　　　　　　　　　　　　D. 商业承兑汇票

10. 采用公允价值进行后续计量的金融资产有（　　）。

A. 交易性金融资产　　　　　　　　　B. 可供出售金融资产

C. 持有至到期投资　　　　　　　　　D. 贷款和应收款项

三、判断题

1. 直接指定为以公允价值计量且其变动计入当期损益的金融资产，主要是指企业基于风险管理、战略投资需要等所做的指定。（　　）

2. 处置持有至到期投资时，应将所取得的价款与该投资账面价值之间的差额计入资本公积。（　　）

3. 资产负债表日，企业应将以公允价值计量且其变动计入当期损益的金融资产的公允价值变动计入当期损益，核算时应计入“投资收益”科目。（　　）

4. 处置交易性金融资产时，应将公允价值变动累计额转入投资收益。（　　）

5. 一般企业对应收款项进行减值测试，应根据本单位的实际情况分为单项金额重大和非重大的应收账款。对于单项金额重大的应收款项，应当单独进行减值测试，有客观证据表明其发生了减值的，应当根据未来现金流量现值低于其账面价值的差额，确认减值损失，计提坏账准备。（　　）

6. 在存在商业折扣的情况下，企业应收账款入账金额应按扣除商业折扣后的实际售价确认。（　　）

7. 坏账已确认并转销的坏账损失，以后又收回的，应借记“银行存款”科目，贷记“坏账准备”科目。（　　）

8. “坏账准备”账户期末余额在贷方，在资产负债表上列示时，应列示于流动负债项目中。（　　）

9. 以公允价值计量且其变动计入当期损益的金融资产包括交易性金融资产和可供出售金融资产。（　　）

10. 取得交易性金融资产而发生的交易费用应计入交易性金融资产的成本。（　　）

业务实训题

实训一

目的：实训交易性金融资产的会计核算。

资料：某企业每年6月30日和12月31日对外提供财务报告，现发生的有关交易性金融资产业务如下：

1. 2016年5月企业以银行存款480万元购入甲公司股票60万股作为交易性金融资产，另支付手续费2万元。
2. 2016年6月30日，该股票每股公允价值为7.5元。
3. 2016年8月10日，甲公司宣告分派现金股利，每股0.2元。
4. 2016年8月20日，企业收到分派的现金股利。
5. 2016年12月31日，该股票的公允价值为每股8.5元。
6. 2017年1月8日，企业以515万元出售该股票（已知股票交易的增值税税率为6%）。

要求：

1. 根据资料编制相关的会计分录。
2. 计算该项交易性金融资产的累计损益。

实训二

目的：实训应收票据和预收账款的会计核算。

资料：甲、乙、丙公司均为增值税一般纳税人，2016年度发生业务如下：

1. 5月10日，甲公司销售给乙公司一批商品，开出增值税专用发票，价款200万元，增值税税额34万元，当即收到一张已承兑的不带息商业承兑汇票，期限6个月，面值234万元。11月10日票据到期时，乙公司无力支付票款。
2. 甲公司收到丙公司开来的增值税专用发票上注明的A材料价款60 000元，增值税税额10 200元，款项已于上月预付75 000元，余款退回存入银行。

要求：根据资料编制甲公司的会计分录。

实训三

目的：实训坏账准备的计提及其会计核算。

资料：华润公司2016年有关资料如下：

1. 12月1日，应收甲公司账款期初余额为125万元，其坏账准备贷方余额为5万元。
2. 12月5日，向甲公司销售商品110件，单价1万元，增值税税率为17%，单位成本 0.8 万元，价款尚未收到。

3. 12 月 25 日，因商品质量问题，甲公司要求退回本月 5 日购买的 10 件商品，企业同意甲公司的退货要求，并办理退货手续和开具红字增值税专业发票，企业收到甲公司退回的商品。

4. 12 月 26 日，应收甲公司的款项发生坏账损失 2 万元。

5. 12 月 28 日，收回前期已确认应收甲公司账款的坏账 1 万元，存入银行。

6. 12 月 31 日，企业对甲公司账款进行减值测试，确定计提坏账准备的比例为 5%。

要求：根据资料编制有关的会计分录。

实训四

目的：实训持有至到期投资的核算。

资料：ABC 公司进行持有至到期投资如下：

2016 年 1 月 2 日从证券市场上购入乙公司 2016 年 1 月 1 日发行的 3 年期、到期一次还本付息债券 300 张，债券票面利率为 6%，每张面值为 1 000 元，每张买入价为 1 019 元（含交易费用），所有款项均以银行存款支付。购买该债券时的实际利率为 5%，按实际利率法计算确认利息收入，ABC 公司准备将该批债券持有到期。

要求：

1. 计算该债券投资的利息调整金额（计算结果保留整数）。

2. 编制 ABC 公司 2016 年 1 月 2 日买入该批债券时的会计分录。

3. 填列下表，计算 2016 年 12 月 31 日该债券投资应调整的利息和应确认的利息收入，并编制相应的会计分录。

年　份	期初摊余成本	实际利息	现金流入	期末摊余成本
2016				
2017				
2018				

4. 编制 2019 年 1 月 1 日到期收回本息的会计分录。

实训五

目的：实训持有至到期投资的核算。

资料：W 公司进行持有至到期投资如下：

2016 年 1 月 1 日从证券市场上购入甲公司 2016 年 1 月 1 日发行的 5 年期、分期付息、到期还本的债券 400 张，债券票面利率为 8%，每张面值为 1 000 元，每张买入价为 924 元（含交易费用），款项以银行存款支付。购买该债券时的实际利率为 10%，按实际利率法计算确认利息收入，W 公司准备将该批债券持有到期。

要求：

1. 计算并填列下表，确认各期的利息收入（计算结果保留整数）。

年　份	期初摊余成本	实际利息	现金流入	期末摊余成本
2016				
2017				
2018				
2019				
2020				

2. 编制 W 公司 2016 年 1 月 1 日买入该批债券时的会计分录。
3. 编制 2016 年年末确认利息和调整利息的会计分录。
4. 编制 2017 年 1 月 1 日收到利息的会计分录。
5. 编制 2020 年 1 月 1 日收回本金及最后一期利息的会计分录。

实训六

目的：实训可供出售金融资产的会计核算。

资料：2016 年 10 月 10 日企业从二级市场上购入股票 10 000 股，每股市价 6 元，手续费及佣金 3 000 元。初始确认时，企业将其划分为可供出售金融资产。2016 年 12 月 31 日，该股票市价为 8 元。2017 年 4 月 18 日出售，每股市价 8.5 元，另支付有关税费 500 元。

要求：根据资料做相关的会计分录。

项目四

长期股权投资的核算

训练目标

1. 理解企业进行股权投资的目的和意义，并熟悉企业合并的种类。

2. 掌握长期股权投资会计科目的内容，正确运用该科目的明细科目。

3. 掌握长期股权投资初始投资成本的确认，并分别企业合并和非企业合并两种情况加以区别。

4. 掌握长期股权投资的成本法，运用这种方法对投资单位在控制的长期股权投资进行会计确认和计量。

5. 掌握长期股权投资的权益法，运用这种方法对投资单位对被投资单位具有共同控制或重大影响下的长期股权投资进行会计确认和计量。

6. 比较长期股权投资的两种后续计量方法，说明它们对企业的资产负债表和利润表产生的影响。

理论练习题

一、单项选择题

1. 采用权益法核算长期股权投资的情况下，被投资企业宣告分派现金股利时，投资企业对应分得的现金股利，应当（　　）。

A. 贷记“应收股利”科目　　　B. 贷记“投资收益”科目

C. 贷记“长期股权投资”科目　　　D. 借记“长期股权投资”科目

2. 长期股权投资采用成本法核算，在被投资企业宣告分派现金股利时，投资企业的会计处理为（　　）。

A. 借记“应收股利”科目，贷记“投资收益”科目

B. 借记“长期股权投资”科目，贷记“投资收益”科目

C. 借记“银行存款”科目，贷记“投资收益”科目

D. 借记“银行存款”科目，贷记“应收股利”科目

3. 在权益法下，当被投资企业增加资本公积时，投资企业在确认应享有的份额时，贷记的会计科目为（　　）。

A. 投资收益　　B. 营业外收入　　C. 资本公积　　D. 盈余公积

4. 采用权益法核算时，下列各项会引起投资企业长期股权投资账面价值发生增减变化的是（　　）。

A. 被投资企业接受现金捐赠　　B. 被投资企业提取法定盈余公积

C. 被投资企业宣告分派股票股利　　D. 被投资企业宣告分派现金股利

5. 甲公司和乙公司同属某企业集团内的企业，2017 年 1 月 1 日，甲公司以其发行的普通股票 500 万股（股票面值为每股 1 元，市价为每股 5 元），取得乙公司 80%的普通股权，并准备长期持有。乙公司 2017 年 1 月 1 日的所有者权益账面价值总额为 3 000 万元，可辨认净资产的公允价值为 3 200 万元。甲公司取得乙公司股份时的初始投资成本为(　　)万元。

A. 500　　B. 2 500　　C. 2 400　　D. 2 560

6. 甲公司与乙公司共同出资设立丙公司，经甲、乙双方协议，丙公司的总经理由甲公司委派，董事长由乙公司委派，甲公司的出资比例为 40%，乙公司的出资比例为 60%，股东按出资比例行使表决权。在这种情况下，（　　）。

A. 甲公司采用权益法核算该长期股权投资，乙公司采用成本法核算该长期股权投资

B. 甲公司采用成本法核算该长期股权投资，乙公司采用权益法核算该长期股权投资

C. 甲公司和乙公司均采用成本法核算该长期股权投资

D. 甲公司和乙公司均采用权益法核算该长期股权投资

7. 下列说法中，不正确的是（　　）。

A. 投资企业能够对被投资单位实施控制的长期股权投资，应当采用成本法核算

B. 投资企业对被投资单位具有共同控制的长期股权投资，应采用权益法核算

C. 成本法下，初始投资成本始终不变

D. 成本法下，除追加投资或收回投资，初始投资成本始终不变

8. A 公司于 2017 年 1 月 1 日用货币资金从证券市场上购入 B 公司发行在外股份的 25%，实际支付价款 500 万元，另支付相关税费 5 万元，同时，B 公司可辨认净资产的公允价值为 2 200 万元，所有者权益总额为 2 100 万元。A 公司 2017 年 1 月 1 日应确认的损益为（　　）万元。

A. 45　　B. 0　　C. 50　　D. 20

9. 甲公司 2016 年 1 月 2 日，以银行存款购入乙公司 10%的股份，并准备长期持有，采用成本法核算。乙公司于 2016 年 5 月 2 日宣告分派 2015 年度的现金股利 100 000 元。2016 年乙公司实现净利润 400 000 元，2017 年 5 月 1 日乙公司宣告分派 2016 年现金股利 200 000 元。甲公司 2017 年确认应收股利时应确认的投资收益为（ ）元。

A. 30 000　　B. 20 000　　C. 40 000　　D. 0

10. 在同一控制下的企业合并形成的长期股权投资，合并方以支付现金作为合并对价的，应当在合并日按照取得被合并方所有者权益的（ ），作为长期股权投资的初始投资成本。

A. 账面价值　　B. 公允价值
C. 账面价值的份额　　D. 公允价值的份额

二、多项选择题

1. 采用权益法核算时，下列各项中，不会引起长期股权投资账面价值发生变动的有（ ）。

A. 收到被投资单位分派的股票股利
B. 被投资企业实现净利润
C. 被投资企业以资本公积转增资本
D. 投资企业计提长期股权投资减值准备

2. 下列各项中，应采用权益法核算的有（ ）。

A. 投资企业对被投资企业无控制、无共同控制且无重大影响
B. 不准备长期持有被投资单位的股份
C. 投资企业对被投资企业共同控制
D. 投资企业对被投资企业产生重大影响

3. 长期股权投资的成本法和权益法的主要区别在于（ ）。

A. 投资时初始计量不同
B. 确认与所有者权益相关的利得和损失不同
C. 确认投资收益依据不同
D. 确认应收股利的账务处理不同

4. 对长期股权投资进行后续计量的方法有（ ）。

A. 成本法　　B. 直线法　　C. 实际利率法　　D. 权益法

5. 在长期股权投资权益法下，下列各项中，投资企业不进行账务处理的有（ ）。

A. 被投资企业提取法定盈余公积　　B. 被投资企业宣告分派现金股利
C. 被投资企业用资本公积转增资本　　D. 被投资企业用盈余公积转增资本

6. 下列有关长期股权投资的表述中，不正确的有（ ）。

A. 长期股权投资在取得时，应按取得投资的公允价值入账

B. 企业合并取得长期股权投资而发行债券支付的手续费、佣金等应计入初始投资成本

C. 企业取得长期股权投资时，实际支付的价款中包含的已宣告但尚未发放的现金股利应计入初始投资成本

D. 投资企业在确认应享有被投资单位净损益的份额时，均应以被投资单位的账面净利润为基础计算

7. 关于长期股权投资权益法核算，下列说法中，正确的有（　　）。

A. 长期股权投资的初始投资成本大于投资时应享有被投资单位可辨认净资产公允价值份额的，不调整长期股权投资的初始投资成本

B. 长期股权投资的初始投资成本小于投资时应享有被投资单位可辨认净资产公允价值份额的，其差额确认为负商誉

C. 长期股权投资的初始投资成本大于投资时应享有被投资单位可辨认净资产公允价值份额的，其差额确认为当期损益

D. 长期股权投资的初始投资成本小于投资时应享有被投资单位可辨认净资产公允价值份额的，其差额应当计入当期损益，同时调整长期股权投资的成本

8. 下列项目中，投资企业不应确认为投资收益的有（　　）。

A. 成本法核算的被投资企业接受实物资产捐赠

B. 成本法核算的被投资企业宣告的股利属于投资后实现的净利润

C. 权益法核算的被投资企业宣告发放股票股利

D. 权益法核算被投资单位实现净利润

9. 下列可确认投资企业对被投资单位具有重大影响的条件有（　　）。

A. 在被投资单位的董事会或类似的权力机构中派有代表

B. 参与被投资单位的政策制定过程

C. 向被投资单位派出管理人员

D. 直接持有被投资单位 20%或以上至 50%的表决权资本

10. 下列情形，属于控制的是（　　）。

A. 投资单位直接拥有被投资单位 50%以上的表决权资本

B. 投资单位直接拥有被投资单位 40%的表决权资本，间接拥有 15%的表决权资本

C. 投资单位直接拥有被投资单位 30%的表决权资本，投资单位与其他投资者达成协议，代表其他投资者在被投资单位的权益

D. 投资单位直接拥有被投资单位 40%的表决权资本，双方签订的投资协议规定，该投资单位可决定被投资单位的生产经营决策

三、判断题

1. 投资企业拥有被投资企业 20%以下表决权资本，但具有重大影响的，也应采用权益法进行核算。(　　)

2. 企业处置长期股权投资时，应同时结转已计提的长期投资减值准备。(　　)

3. 长期股权投资核算从权益法改为成本法后，被投资单位宣告分派的现金股利，属于已计入投资账面价值的，应冲减投资成本。(　　)

4. 处置长期股权投资，其账面价值与实际取得价款的差额，应当计入当期损益。(　　)

5. 同一控制下的企业合并形成的长期股权投资，合并方以转让非现金资产作为合并对价的，应当以转让的非现金资产的公允价值作为长期股权投资的初始投资成本。(　　)

6. 由于企业合并所形成的长期股权投资中，合并方为进行企业合并发生的各项直接相关费用均不计入投资成本，而应计入发生当期损益。(　　)

7. 投资者投入的长期股权投资，应按投资合同或协议规定的价值作为初始投资成本。(　　)

8. 长期股权投资采用权益法核算时，投资企业按照被投资单位宣告分派的利润或现金股利计算应分得的部分，相应减少长期股权投资的账面价值。(　　)

9. 采用成本法核算的长期股权投资应当按照初始投资成本计价。(　　)

10. 在成本法下，当被投资企业发生盈亏时，投资企业并不做账务处理。(　　)

11. 资产负债表日，长期股权投资发生减值的，应按减值的金额，借记“投资收益”，贷记“长期股权投资减值准备”科目。(　　)

12. 长期股权投资采用权益法核算，其初始投资成本与应享有被投资单位可辨认净资产公允价值份额的，其差额应调整其投资的成本。(　　)

13. 投资单位对于被投资单位除净损益以外所有者权益的其他变动，应当调整长期股权投资的账面价值并计入当期损益。(　　)

14. 在成本法下，投资企业在确认自被投资企业应分得的现金股利或利润后，应当考虑长期股权投资是否发生减值。(　　)

15. 非同一控制下企业合并形成的长期股权投资，发生的直接相关费用，直接计入当期损益。(　　)

业务实训题

实训一

目的：实训长期股权投资采用成本法进行的核算。

资料：有关长期股权投资的业务如下：

1. 本源公司于 2016 年 1 月 2 日购入 A 公司发行的股票 750 000 股，准备长期持有，从而拥有 A 公司 55%的股份，对 A 公司实施控制，采用成本法进行后续计量。该股票的每股单价 6 元，另支付有关费用 6 500 元。

2. 2016 年 3 月 20 日，本源公司收到 A 公司分来的现金股利 75 000 元。

3. 2016 年度，A 公司实现净利润 140 万元。

4. 2017 年 4 月 10 日，A 公司宣告分派现金股利，每股 1.2 元。

5. 2017 年 4 月 28 日，本源公司收到现金股利。

要求：编制本源公司上述经济业务事项的会计分录。

实训二

目的：实训长期股权投资采用权益法进行的核算。

资料：新源股份有限公司有关长期股权投资的业务如下：

1. 2015 年 4 月 2 日，以每股 10.4 元的价格从证券市场购入甲公司的股票 300 万股，每股价格中包含有 0.4 元的已宣告分派的现金股利，另支付相关税费 20 万元。新源股份有限公司购入的股票占甲公司发行在外股份的 25%，并准备长期持有，且能够对甲公司的财务和经营政策施加重大影响，采用权益法进行后续计量。

2. 2015 年 4 月 25 日，公司收到分来的购买该股票时已宣告分派的现金股利。

3. 2015 年度，甲公司实现净利润 800 万元。

4. 2016 年度，甲公司发生净亏损 200 万元。

5. 2016 年 2 月 28 日，新源股份有限公司将甲公司的股票全部出售，收到价款净额 1 900 万元，款项已由银行收妥。

要求：编制新源股份有限公司上述经济业务事项的会计分录。（答案中的金额单位用万元表示）

实训三

目的：实训长期股权投资采用权益法进行的核算。

资料：甲公司有关长期股权投资的经济业务如下：

1. 2014 年 1 月 5 日以 950 万元（含支付的相关费用 1 万元）购入乙公司股票 400 万股，每股面值 1 元，占乙公司实际发行在外的股票的 30%，并对乙公司产生重大影响。2013 年 12 月 31 日乙公司所有者权益总额为 4 000 万元。

2. 2014 年乙公司实现净利润 800 万元。

3. 2015 年 3 月 10 日乙公司宣告分派现金股利 200 万元。

4. 2015 年 3 月 28 日企业收到现金股利。

5. 2015 年乙公司实现净利润 460 万元。

6. 2016 年 4 月 18 日乙公司改变投资性房地产计量模式，产生其他综合收益 20 万元。

7. 2016 年乙公司亏损 100 万元。

要求：

1. 编制甲公司 2014 年 1 月 5 日投资的会计分录。
2. 编制 2014 年 12 月 31 日甲公司享有净利润的会计分录。
3. 编制 2015 年甲公司相关的会计分录。
4. 编制 2016 年甲公司相关的会计分录。

（答案中的金额单位用万元表示）

实训四

目的：实训长期股权投资采用权益法进行的核算。

资料：曲奇股份有限公司（简称曲奇公司）2014 年至 2016 年投资业务有关的资料如下：

1. 2014 年 1 月 1 日，曲奇公司以银行存款购入乙股份有限公司（简称乙公司）股票，占乙公司有表决权股份的 25%，对乙公司的财务和经营政策施加重大影响。购买价款 300 万元，支付的相关费用 10 万元。2014 年 1 月 1 日，乙公司所有者权益总额为 1 600 万元。

2. 2014 年 4 月 12 日，乙公司宣告发放 2013 年度的现金股利 200 万元，并于 2014 年 4 月 26 日实际发放。

3. 2014 年 5 月，乙公司增加资本公积 120 万元。

4. 2014 年度，乙公司实现净利润 380 万元。

5. 2015 年 3 月 8 日，乙公司股东大会批准了董事会提出的预案，同时决定按 2014 年度实现净利润的 10%提取法定盈余公积，同时宣告分派现金股利 140 万元，并于 2015 年 4 月 28 日实际发放。

6. 2015 年度，乙公司发生净亏损 220 万元。

7. 2015 年 12 月 31 日，因乙公司发生严重财务困难，曲奇公司预计对乙公司长期股权投资的可收回金额为 360 万元。

8. 2016 年 4 月 15 日，曲奇公司以银行存款 600 万元购入丙公司股票，占丙公司有表决权股份的 30%，对丙公司的财务和经营政策具有重大影响。购买当日，丙公司所有者权益总额为 1 800 万元。

9. 2016 年 5 月 15 日，曲奇公司将持有的乙公司的股权全部出售，取得收入 372 万元，存入银行。

要求：编制曲奇公司 2014 年至 2016 年投资业务相关的会计分录。（“长期股权投资”科目要求写出明细科目；答案中的金额单位用万元表示）

实训五

目的：实训长期股权投资采用权益法进行的核算。

资料：科达公司为一家上市公司，2016 年对外投资有关资料如下：

1. 1 月 20 日，科达公司以银行存款购买 A 公司发行的股票 200 万股准备长期持有，实际支付价款 10 000 万元，另支付相关税费 120 万元，占 A 公司有表决权股份的 40%，能够对 A 公司施加重大影响，投资时 A 公司可辨认净资产公允价值为 30 000 万元。

2. 4 月 17 日，科达公司委托证券公司从二级市场购入 B 公司股票，并将其划分为交易性金融资产。支付价款 1 600 万元（其中包含已宣告但尚未发放的现金股利 40 万元），另支付相关交易费用 4 万元。

3. 5 月 5 日，科达收到 B 公司发放的现金股利 40 万元，并存入银行。

4. 6 月 30 日，科达公司持有 B 公司股票的公允价值下跌为 1 480 万元。

5. 7 月 15 日，科达公司持有的 B 公司股票全部出售，售价为 1 640 万元，款项存入银行，不考虑相关税费。

6. A 公司 2016 年实现净利润 5 000 万元。

要求：根据上述资料，逐笔编制科达公司相关会计分录。（答案中的金额单位用万元表示）

项目五

固定资产的核算

训练目标

1. 熟悉固定资产的概念、特征和确认条件。
2. 掌握不同途径下取得固定资产的初始计量及其账务处理。
3. 掌握固定资产的各种折旧计算方法。
4. 掌握固定资产后续支出资本化和费用化的判断及其核算。
5. 掌握固定资产处置和清查的核算。
6. 了解固定资产减值测试及其减值准备的计提与核算。

理论练习题

一、单项选择题

1. 企业购入一不需要安装的设备，取得的增值税专业发票上注明设备买价 50 000 元，增值税税额 8 500 元，支付运输费 1 500 元，增值税为 165 元，则该设备的入账价值为(　　)元。

A. 60 000　　B. 58 500　　C. 51 500　　D. 50 000

2. 固定资产改良过程中取得的变价收入应计入（　　）科目。

A. 营业外收入　　B. 其他业务收入　　C. 管理费用　　D. 在建工程

3. 对固定资产计提的折旧将使企业的资产负债表中（　　）。

A. 资产净值减少　　B. 负债增加

C. 资产总额不变　　D. 对资产和负债均无影响

4. 企业生产车间使用的固定资产发生的修理费应计入的会计科目是（　　）。

A. 管理费用　　B. 制造费用　　C. 生产成本　　D. 销售费用

5. 下列项目中，不应计入固定资产入账价值的是（　　）。

A. 厂房建造过程中发生的人工工资　　B. 固定资产修理发生的费用

C. 购置固定资产发生的运杂费　　D. 改扩建发生的固定资产工程款

6. 企业某设备采用工作量法计提折旧，设备原价为 153 万元，预计生产产品产量为 450 万件，预计净残值率为 3%，本月生产产品 10 万件，则该设备本月的折旧额是（　　）万元。

A. 2.67　　B. 2.63　　C. 3.3　　D. 3.4

7. 企业对一建筑物进行改建，其原价 100 万元，已提折旧 60 万元，改建过程中发生支出 30 万元，取得变价收入 5 万元，该建筑物改建后的入账价值为（　　）万元。

A. 130　　B. 125　　C. 70　　D. 65

8. 下列固定资产中，按规定不应计提折旧的是（　　）。

A. 经营租入的设备　　B. 融资租入的设备

C. 经营租出的设备　　D. 未使用的设备

9. 企业购进一台设备，其入账价值为 100 万元，预计净残值 5.6 万元，预计使用年限为 5 年，采用双倍余额递减法计提折旧，则该设备第三年应计提的折旧额是（　　）万元。

A. 24　　B. 14.4　　C. 20　　D. 8

10. 企业 2016 年 6 月 15 日自行建造的生产线投入使用，其建造成本为 370 万元，预计使用年限 5 年，预计净残值 10 万元，采用年数总和法计提折旧，2016 年该设备应计提的折旧额是（　　）万元。

A. 120　　B. 70　　C. 60　　D. 74

二、多项选择题

1. 购入固定资产其入账价值包括（　　）。

A. 运杂费　　B. 买价　　C. 途中保险费　　D. 进口关税

2. 下列固定资产中，按企业会计制度规定应计提折旧的是（　　）。

A. 季节性停用的机器设备　　B. 大修理停用的机器设备

C. 不需用的机器设备　　D. 已提足折旧的固定资产

3. 下列税金中，构成企业固定资产价值的有（　　）。

A. 购买生产设备支付的增值税　　B. 支付的耕地占用税

C. 进口设备的关税　　D. 支付的车船税

4. 下列项目中，需通过“在建工程”科目核算的是（　　）。

A. 不需安装的固定资产　　B. 需要安装的固定资产

C. 固定资产的改扩建
D. 在建工程人员的工资

5. “固定资产清理”科目贷方登记的项目有（　　）。

A. 转入清理的固定资产的净值
B. 清理的固定资产的变价收入
C. 结转的固定资产清理净损失
D. 结转的清理净收益

6. 影响固定资产折旧的因素有（　　）。

A. 固定资产的预计使用年限
B. 固定资产取得时的原始价值
C. 固定资产的净残值
D. 固定资产减值准备

7. 下列项目中，应计入固定资产入账价值的有（　　）。

A. 经营租入固定资产改良支出
B. 在建工程领用本期产品应缴的消费税
C. 工程期间发生的工程物资盘亏
D. 在建工程发生的工程管理费

8. 下列各项业务中，引起固定资产账面价值增减变动的有（　　）。

A. 经营租入固定资产的改良支出
B. 对固定资产进行改扩建
C. 对固定资产发生减值
D. 计提固定资产折旧

9. 确定固定资产处置损益时，应考虑的因素有（　　）。

A. 固定资产账面价值
B. 应缴增值税
C. 应收保险赔偿
D. 清理费用

10. 双倍余额递减法和年数总和法这两种方法计算固定资产折旧，其共同点有（　　）。

A. 属于加速折旧法
B. 每期折旧率固定
C. 前期折旧高，后期折旧低
D. 不考虑净残值

三、判断题

1. 固定资产减值损失一经确认，在以后期间不得转回。（　　）

2. 工作量法计提折旧的特点是每年提取的折旧额相等。（　　）

3. 企业应当根据税法规定计提折旧的方法，合理选择固定资产折旧方法。（　　）

4. 对固定资产的不同组成部分，只要给企业带来经济利益的预期实现方式不同，就应作为单项固定资产处理。（　　）

5. 按双倍余额法计提的折旧额在任何时期都大于按平均年限法计提的折旧额。（　　）

6. 以经营租赁方式租出固定资产，应由出租方计提固定资产折旧。（　　）

7. 与固定资产有关的后续支出，符合企业会计准则规定的固定资产确认条件的，应当计入固定资产成本；不符合企业会计准则规定固定资产确认条件的，应当在发生时计入当期损益。（　　）

8. 固定资产的入账价值中应当包括企业为取得固定资产而缴纳的契税、耕地占用税、车辆购置税等相关税费。(　　)

9. 在建工程达到预定可使用状态前试运转所发生的净支出，应当计入营业外支出。(　　)

10. 企业对固定资产进行更新改造时，应当将该固定资产账面价值转入在建工程，并在此基础上核算经更新改造后的固定资产原价。(　　)

业务实训题

实训一

目的：实训取得固定资产的会计核算。

资料：某企业发生下列固定资产的取得业务：

1. 购入打印机 4 部，增值税专用发票上注明的价款 6 000 元，增值税税额 1 020 元，价款签发转账支票支付。打印机交付有关部门使用。

2. 购入一条生产线，价值 800 000 元，增值税税额 136 000 元，途中运费 4 000 元，增值税税额为 440 元，价款签发商业汇票支付。设备交付生产车间安装。

3. 以银行存款支付安装费 3 000 元，增值税税额为 330 元，支付安装工人工资 1 000 元。

4. 设备已安装完毕，交付车间使用。

5. 接受甲公司投入设备一台，对方账面价值 50 000 元，双方协商作价 40 000 元，取得增值税专用发票注明税额 6 800 元，另以现金支付运费 400 元，增值税税额为 44 元。

6. 以银行存款预付出包工程进度款 200 000 元。

7. 接受基建部门的办公楼移交手续，工程造价 500 万元，银行存款支付增值税税额为 165 万元（第 1 年抵扣 60%，第 2 年抵扣 40%）。

8. 以银行存款支付车辆购置税 100 000 元。

要求：逐题编制有关固定资产的会计分录。

实训二

目的：实训自营工程的会计核算。

资料：新华公司属于增值税一般纳税人，本年发生下列与自营建筑安装工程相关的经济业务：

1. 用银行存款购入为工程准备的各种物资，取得增值税专业发票上注明价款 600 000 元，增值税税额 102 000 元。

2. 工程实际领用工程物资 600 000 元。

3. 工程领用企业生产用原材料一批，实际成本 20 000 元。

4. 分配工程人员工资 40 000 元。

5. 本企业辅助生产车间为工程提供劳务支出 3 000 元。

6. 工程达到预定可使用状态并交付使用。

要求：根据上述资料，计算固定资产入账价值，并做相关会计分录。

实训三

目的：实训固定资产折旧的计算和会计核算。

资料：某企业购入一台需要安装的设备，有关资料如下：

1. 购入固定资产取得的增值税专业发票上注明价款 1 000 万元，增值税税额 170 万元；运费 30 万元，增值税税额 3.3 万元，以银行存款支付。

2. 安装过程中领用工程物资 100 万元。

3. 应付安装人员薪酬 20 万元。

4. 当年年末安装完毕，投入生产车间使用。

5. 该设备预计使用 5 年，预计净残值率 5%，采用年数总和法计提折旧。

要求：

1. 根据资料做相关会计分录。

2. 计算各年计提的折旧，并做第一年折旧分录。

（答案中的金额单位用万元表示）

实训四

目的：实训固定资产折旧的会计核算。

资料：

1. 2016 年 4 月 6 日企业购入一台不需要安装的设备，价款 1 000 万元，增值税税额 170 万元；另支付运输费 20 万元，增值税税额 2.2 万元；包装费 10 万元，增值税税额 0.6 万元；款项均以银行存款支付。

2. 该设备当月投入基本生产车间使用，预计可使用 5 年，预计净残值 50 万元。

3. 采用双倍余额递减法计提折旧，假定不考虑固定资产减值因素。

要求：

1. 编制企业购入设备时的会计分录。

2. 列示计算企业 2016 年度和 2017 年度的折旧额。

3. 编制企业 2016 年年末计提折旧的会计分录（假定折旧每年末计提一次）。

（答案中的金额单位用万元表示）

实训五

目的：综合实训固定资产的核算。

资料：甲公司 2017 年 3 月固定资产增减业务如下：

1. 购买一台设备供一车间使用，采用工作量法计提折旧。该设备原价 60 万元，预计总工作时数为 20 万小时，预计净残值为 5 万元。该设备 2017 年 4 月的工作量为 4 000 小时。

2. 厂部新办公楼交付使用，采用平均年限法计提折旧。该办公楼原价 620 万元，预计使用年限 20 年，预计净残值 20 万元。

3. 公司总部的一辆轿车使用期满予以报废。该轿车原价 37 万元，预计使用年限 6 年，净残值 1 万元，采用平均年限法计提折旧。

假定 2017 年 4 月未发生固定资产增减业务，不考虑其他固定资产的折旧。

要求：

1. 计算甲公司 2017 年 4 月应计提的折旧额。

2. 编制甲公司 2017 年 4 月计提折旧的会计分录。

（答案中的金额单位用万元表示）

项目六

无形资产及其他资产的核算

训练目标

1. 熟悉无形资产的概念和特点，充分认识无形资产在企业价值中的重要性。
2. 熟悉无形资产的分类，明确不同无形资产的含义，树立保护无形资产的意识。
3. 熟悉长期待摊费用的含义，正确把握长期待摊费用的核算范围。
4. 熟悉不同渠道取得的无形资产，正确进行无形资产的初始确认和后续计量。
5. 区别无形资产出售、出租和报废，掌握无形资产处置和报废的核算。

理论练习题

一、单项选择题

1. 自行研究开发无形资产，在研制过程中发生的人员工资在发生时应计入（　　）。

A. 管理费用　　B. 无形资产　　C. 其他业务成本　　D. 研发支出

2. 2016 年 8 月，某企业出售一项 3 年前取得的专利权，该专利取得时的成本为 20 万元，按直线法 10 年摊销，出售时取得收入 20 万元，增值税税率为 6%，则出售该项专利时影响当期的损益为（　　）万元。

A. 5　　B. 6　　C. 13　　D. 4.8

3. 下列项目中，应确认为无形资产的是（　　）。

A. 企业自创商誉　　B. 企业内部产生的品牌

C. 企业拥有的高技术人才　　D. 企业购入的专利权

4. 企业出售无形资产发生的净损失，应计入（　　）。

A. 营业外支出　B. 其他业务成本　C. 主营业务成本　D. 管理费用

5. 关于企业内部研究开发项目的支出，下列说法中，错误的是（　　）。

A. 企业内部研究开发项目的支出，应当区分研究阶段支出与开发阶段支出

B. 企业内部研究开发项目研究阶段的支出，应当于发生时计入当期损益

C. 企业内部研究开发项目开发阶段的支出，应确认为无形资产

D. 企业内部研究开发项目开发阶段的支出，可能确认为无形资产，也可能确认为费用

6. 按照现行会计制度规定，下列各项中，企业应作为无形资产入账的是（　　）。

A. 开办费

B. 为获得土地使用权支付的土地出让金

C. 广告费

D. 开发新技术过程中发生的研究开发费

7. 企业转让无形资产所有权而发生的应交增值税，应计入（　　）科目。

A. 主营业务成本　B. 其他业务成本

C. 税金及附加　D. 营业外支出或营业外收入

8. 企业出租无形资产取得的收入，应当计入（　　）。

A. 主营业务收入　B. 其他业务收入

C. 营业外收入　D. 投资收益

9. 自创并经法律程序申请取得的无形资产，其申请登记费应计入（　　）。

A. 管理费用　B. 无形资产

C. 销售费用　D. 其他业务成本

10. 用于产品生产的专利权的摊销，应计入（　　）。

A. 管理费用　B. 制造费用

C. 销售费用　D. 其他业务成本

11. 在会计期末，企业所持有的无形资产经过减值测试，表明已经发生减值，则需要计提减值准备，应借记（　　）科目，贷记“无形资产减值准备”科目。

A. 管理费用　B. 公允价值变动损益

C. 营业外支出　D. 资产减值损失

12. 对使用寿命有限的无形资产进行摊销时，应贷记的会计科目为（　　）。

A. 累计摊销　B. 公允价值变动损益

C. 无形资产　D. 资产减值损失

13. 甲公司出售所拥有的无形资产一项，取得收入 300 万元，增值税税率为 6%。该无形资产取得时实际成本为 400 万元，已摊销 120 万元，已计提减值准备 50 万元。甲公司出售该项无形资产应计入当期损益的金额为（　　）万元。

A. –100　B. –20　C. 52　D. 55

14. 如果无法区分研究阶段和开发阶段的支出，应当在发生时（ ）。

A. 全部费用化，计入当期损益

B. 全部确认为无形资产

C. 按适当比例划分计入当期损益和无形资产的金额

D. 由企业自行决定计入当期损益或者无形资产

15. 甲公司2011年1月1日购入一项无形资产。该无形资产的实际成本为500万元，摊销年限为10年，采用直线法摊销。2015年12月31日，该无形资产发生减值，预计可收回金额为180万元。计提减值准备后，该无形资产原摊销年限不变。2016年12月31日，该无形资产的账面价值为（ ）万元。

A. 500　　B. 214　　C. 200　　D. 144

二、多项选择题

1. 关于无形资产的确认，应同时满足的条件有（ ）。

A. 该资产产生的经济利益很可能流入企业

B. 该资产的成本能够可靠地计量

C. 符合无形资产的定义

D. 该资产的收入能够可靠地计量

2. 企业自行开发并取得的专利权发生的下列费用，如果开发成功，则可以计入专利权入账价值的有（ ）。

A. 发生的注册费　　B. 发生的聘请律师费

C. 发生的材料费用　　D. 发生的开发人员的人工费

3. 下列各项中，会引起无形资产账面价值发生增减变动的有（ ）。

A. 对无形资产计提减值准备　　B. 发生无形资产后续支出

C. 摊销无形资产成本　　D. 转让无形资产所有权

4. 关于无形资产的后续计量，下列说法中，正确的有（ ）。

A. 使用寿命不确定的无形资产应按一定方式摊销

B. 使用寿命不确定的无形资产不应摊销

C. 无形资产的摊销方法只有直线法

D. 企业选择的无形资产摊销方法，应当反映与该项无形资产有关的经济利益的预期实现方式

5. 影响出售无形资产的净损益的项目包括（ ）。

A. 累计摊销　　B. 出售无形资产取得的收入

C. 无形资产的成本　　D. 出售无形资产时应缴纳的税金

6. 下列各项支出中，应计入无形资产成本的有（　　）。
   A. 购入专利权发生的支出　　B. 购入非专利技术发生的支出
   C. 取得土地使用权发生的支出　　D. 研究开发新技术发生的支出
7. 按现行制度的规定，下列各种提法中，正确的有（　　）。
   A. 使用寿命有限的无形资产，其摊销时应假定残值为零
   B. 无形资产应自取得次月起进行摊销
   C. 无形资产应采用摊余价值与可收回金额孰低进行期末计价
   D. 企业的研究开发费用应作为无形资产核算
8. 下列项目，属于会计上的无形资产的有（　　）。
   A. 专利权　　B. 非专利技术　　C. 商誉　　D. 土地使用权
9. 无形资产的摊销金额，可以计入（　　）科目。
   A. 管理费用　　B. 其他业务成本　　C. 研发支出　　D. 制造费用
10. 关于企业取得的土地使用权，处理正确的是（　　）。
   A. 通常应当按照取得时所支付的价款及相关税费确认为无形资产
   B. 土地使用权用于自行开发建造厂房等地上建筑物时，相关的土地使用权账面价值转入在建工程成本，与地上建筑物合并计算其成本
   C. 土地使用权用于建造对外出售的房屋建筑物的，相关的土地使用权价值应当计入所建造的房屋建筑物成本
   D. 企业改变土地使用权的用途，停止自用土地使用权而用于赚取租金或资本增值时，不需要对其进行相关处理，仍作为无形资产核算

三、判断题

1. 已计入各期损益的研究与开发费用，在相关技术依法申请取得专利权时，应予以转回并计入专利权的入账价值。（　　）

2. 企业发生的开办费应通过“长期待摊费用”科目核算，并于开始生产经营的当月起，一次性计入当期损益。（　　）

3. 无形资产在确认后发生后续支出，应在发生时计入无形资产的价值。（　　）

4. 企业取得的使用寿命有限的无形资产均应按直线法摊销。（　　）

5. 不论无形资产的用途如何，其摊销价值一律计入“管理费用”科目。（　　）

6. 企业应将其所拥有的一切专利权都予以资本化，作为无形资产核算。（　　）

7. 出售无形资产发生的收入应计入其他业务收入。（　　）

8. 使用寿命有限的无形资产，应当自无形资产取得当月起分期进行摊销。（　　）

9. 投资者投入的无形资产，以投资各方确认的价值作为入账价值。（　　）

10. 企业内部研究开发项目研究阶段的支出，应当于发生时计入当期损益（管理费用）。

( )

11. 无法区分研究阶段和开发阶段的支出，应当在发生时全部费用化，计入当期损益。( )

12. 无法合理确定无形资产为企业带来经济利益的期限的，才能将其作为使用寿命不确定的无形资产。( )

13. 无形资产预期不能为企业带来经济利益的，应当将该无形资产的账面价值予以转销，其账面价值转作当期损益（营业外支出）。( )

14. 企业至少应当于每年年度终了，对使用寿命有限的无形资产的使用寿命及摊销方法进行复核，无形资产的使用寿命及摊销方法与以前估计不同的，应当改变摊销期限和摊销方法。( )

15. 企业自创商誉以及内部产生的品牌、报刊名等，不应确认为无形资产。( )

16. 企业应在会计期末对取得的所有无形资产进行摊销。( )

业务实训题

实训一

目的：实训无形资产的取得、摊销和转让的会计处理。

资料：A 企业发生与无形资产有关的业务如下：

1. 2016 年 6 月 10 日从 B 公司购入一项产品生产专利权，以银行存款支付买价和有关费用共计 24 万元，增值税 1.44 万元。

2. 该专利权的法定有效年限为 15 年，合同规定的使用年限为 10 年。无形资产摊销采用直线法。

3. 假定 2019 年 6 月 12 日，A 企业将该无形资产出售，取得收入 18 万元、增值税税额 1.08 万元存入银行。

要求：

1. 编制取得无形资产的会计分录。
2. 编制每月摊销无形资产的会计分录。
3. 编制出售无形资产的会计分录。

实训二

目的：实训无形资产的取得、摊销和转让的会计处理。

资料：甲公司从 2010 年开始自行研制和开发一项产品生产专利，有关资料如下：

1. 2010 年发生研究费用 18 000 元。

2. 2011 年发生研究开发费用 26 000 元（其中符合资本化的费用支出 24 000 元）。假定研究开发费用均以银行存款支付。项目开发于 2011 年年底完成了整个项目的研制开发工作，并开始申请专利权。

3. 2012 年 1 月共发生律师费 3 000 元，注册费 1 000 元，并取得专利权。该专利权法定使用年限 10 年，预计使用年限 12 年，采用直线法进行摊销。

4. 2016 年 7 月 10 日，因企业生产转型，企业将该无形资产出售，取得收入 8 万元，增值税税率为 6%。

假定该项专利权无残值，使用直线法摊销。

要求：

1. 编制 2010 年、2011 年的相关会计分录。

2. 编制 2012 年取得专利权和当年摊销的会计分录（假定不分月摊销）。

3. 编制 2016 年出售专利权的会计分录。

实训三

目的：综合实训无形资产的取得、摊销和转让的会计处理。

资料：

1. 星海公司从政府手中购入土地使用权，共支付 1 000 000 元存款。

2. 星海公司接受 A 公司投入的一项专利权，双方评估确认价值 800 000 元，增值税税额为 48 000 元。投资后，A 公司享有星海公司 20%的股权，投资当日星海公司的所有者权益公允价值为 350 万元。

3. 星海公司自行研制开发的专利权一项，以银行存款支付研制费 80 000 元。

4. 星海公司依法申请商标权一项，共发生律师费 10 000 元，注册费 3 000 元。

5. 星海公司出租商标权，收取租金 10 000 元，应交增值税 600 元。

要求：逐题编制相关会计分录。

实训四

目的：综合实训无形资产的取得、摊销和转让的会计处理。

资料：精诚公司有关无形资产的业务如下：

1. 2013 年 2 月 1 日开始自行研究开发一项新产品专利技术，在研究开发过程中发生材料费 500 000 元、人工工资 200 000 元，以及支付的其他费用 300 000 元，共计 1 000 000 元，其中，符合资本化条件的支出为 720 000 元。

2. 2013 年 12 月 30 日专利技术获得成功，达到预定用途。对于该项专利权，相关法律规定该专利权的有效年限为 10 年，精诚公司估计该专利权的预计使用年限为 6 年，并采用直线法摊销该项无形资产。

3. 2015 年 12 月 31 日，由于市场发生不利变化，致使该专利权发生减值，精诚公司预计其可收回的金额为 210 000 元。假定无形资产摊销剩余年限不变，摊销方法仍为直线法。

4. 2016 年 7 月 10 日出售该专利权，收到价款 250 000 元，已存入银行，增值税税额为 15 000 元。

要求：

1. 编制精诚公司 2013 年度有关研究开发专利权的会计分录。
2. 编制精诚公司 2014 年摊销无形资产的会计分录（假定按年摊销）。
3. 编制精诚公司 2015 年年末计提减值准备的会计分录。
4. 编制精诚公司 2016 年与该专利权相关的会计分录。

项目七

投资性房地产的核算

训练目标

1. 熟悉投资性资产的定义、特点和范围。
2. 掌握投资性房地产的初始计量和后续计量。
3. 掌握投资性房地产的转换核算。
4. 掌握投资性房地产的处置核算。

理论练习题

一、单项选择题

1. 按照《企业会计准则第 3 号——投资性房地产》的规定，下列属于投资性房地产的是（　　）。

A. 房地产开发企业销售的商品房　　B. 企业生产经营用的厂房、车间

C. 企业融资租赁出租的建筑物　　D. 企业用于经营性出租的办公楼

2. 下列资产项目中，属于投资性房地产的是（　　）。

A. 用于生产产品的建筑物

B. 已出租的土地使用权

C. 已开发完成将用于出租的商品房

D. 超过闲置期正接受土地管理部门处理的土地使用权

3. 下列项目中，不属于投资性房地产的是（　　）。

A. 已出租的建筑物

B. 持有并准备增值后转让的土地使用权

C. 已出租的土地使用权

D. 以经营租赁方式租入的建筑物再转租给其他单位

4. 关于投资性房地产，下列说法中正确的有（　　）。

A. 投资性房地产是指为赚取租金或资本增值，或者两者兼有而持有的房产、地产和机器设备等

B. 认定的闲置土地不属于投资性房地产

C. 一项房地产，部分用于赚取租金或资本增值，部分用于生产商品、提供劳务或经营管理，即使用于赚取租金或资本增值的部分能够单独计量和出售的，也不可以确认为投资性房地产

D. 企业计划用于出租但尚未出租的建筑物，属于投资性房地产

5. 自用房地产转换为采用公允价值模式计量的投资性房地产，转换日该房地产公允价值大于账面价值的差额，正确的会计处理是（　　）。

A. 计入资本公积　　B. 计入其他综合收益

C. 计入营业外收入　　D. 计入公允价值变动损益

6. 投资性房地产进行初始计量时，其处理方法不正确的有（　　）。

A. 无论采用公允价值模式还是成本模式进行后续计量投资性房地产，均应按照成本进行初始计量

B. 自行建造投资性房地产的成本，由建造该项资产达到预定可使用状态前所发生的必要支出构成

C. 对投资性房地产已采用公允价值进行后续计量，可以转换为采用成本模式计量

D. 对投资性房地产已采用成本进行后续计量，可以转换为采用公允价值模式计量

7. 2016年1月1日，甲公司购入一幢建筑物用于出租，取得发票上注明的价款为100万元，办理产权证书发生相关费用 5 万元，款项以银行存款支付。 购入该建筑物发生的谈判费用为0.2万元，差旅费为0.3万元。该投资性房地产的入账价值为（　　）万元。

A. 100　　B. 105　　C. 100.5　　D. 105.5

8. 与投资性房地产有关的后续支出，不满足投资性房地产确认条件的，应当在发生时计入当期损益。企业对投资性房地产进行日常维修时，发生的支出应借记（　　）科目。

A. 其他业务成本　B. 管理费用　　C. 在建工程　　D. 营业外支出

9. 下列有关投资性房地产的计量模式，正确的说法是（　　）。

A. 企业可以任意选择采用成本模式或者公允价值模式进行后续计量

B. 企业对所有投资性房地产进行后续计量时，可以同时采用成本模式和公允价值模式两种计量模式

C. 成本模式转为公允价值模式的，应当作为会计政策变更处理

D. 公允价值模式转为成本模式的，也应当作为会计政策变更处理

10. 某企业采用成本模式对投资性房地产进行后续计量，2016 年 9 月 20 日达到预定可使用状态的自行建造的办公楼对外出租，该办公楼建造成本为 2 600 万元，预计使用年限为 25 年，预计净残值为 100 万元。在采用年限平均法计提折旧的情况下，2016 年该办公楼应计提的折旧额为（　　）万元。

A. 0　　B. 25　　C. 100　　D. 50

11. 某企业投资性房地产采用公允价值计量模式。2016 年 1 月 1 日购入一幢建筑物用于出租。该建筑物的成本为 510 万元，用银行存款支付。建筑物预计使用年限为 20 年。预计净残值为 10 万元。2016 年 6 月 30 日，该建筑物的公允价值为 508 万元。2016 年 6 月 30 日应做的会计处理为（　　）。

A. 借：其他业务成本
　　贷：累计折旧

B. 借：管理费用
　　贷：累计折旧

C. 借：投资性房地产
　　贷：公允价值变动损益

D. 借：公允价值变动损益
　　贷：投资性房地产

12. 关于投资性房地产的会计处理，下列说法正确的是（　　）。

A. 对投资性房地产采用成本模式进行后续计量时，也应按固定资产或无形资产的有关规定，按期计提折旧或进行摊销，借记“管理费用”，贷记“投资性房地产累计折旧”

B. 投资性房地产存在减值现象的，应当按资产减值有关规定，借记“资产减值损失”科目

C. 取得的租金收入，借记“银行存款”，贷记“其他业务收入”

D. 外购投资性房地产达到预定可使用状态时，按公允价值，借记“投资性房地产”，贷记“银行存款”、“在建工程”等

13. 投资性房地产不论是以成本模式计量还是以公允价值模式计量，取得的租金收入均通过（　　）科目核算。

A. 营业外收入　　B. 投资收益

C. 其他业务成本　　D. 其他业务收入

14. 下列各项中，能够影响企业当期损益的是（　　）。

A. 采用成本计量模式，期末投资性房地产的可收回金额高于账面价值

B. 采用成本计量模式，期末投资性房地产的可收回金额低于账面余额

C. 采用公允价值计量模式，期末投资性房地产的公允价值低于账面余额

D. 自用的房地产转换为采用公允价值模式计量的投资性房地产时，转换日房地产的公允价值大于账面价值

15. 关于投资性房地产的转换，在公允价值模式下，下列说法正确的是（　　）。

A. 采用公允价值模式计量的投资性房地产转换为自用房地产时，应当以其转换当日的公允价值作为自用房地产的账面价值，公允价值与原账面价值的差额计入当期

损益

B. 采用公允价值模式计量的投资性房地产转换为自用房地产时，应当以其转换当日的公允价值作为自用房地产的账面价值，公允价值与原账面价值的差额直接计入所有者权益

C. 自用房地产或存货转换为采用公允价值模式计量的投资性房地产，该项投资性房地产应当按照转换日的公允价值计量，公允价值与原账面价值的差额计入当期损益

D. 自用房地产或存货转换为采用公允价值模式计量的投资性房地产，该项投资性房地产应当按照转换日的公允价值计量，公允价值与原账面价值的差额直接计入所有者权益

16. 2016 年 3 月 1 日，企业将一项采用成本模式计量的投资性房地产转换为固定资产。该投资性房地产的账面余额为 150 万元，已计提折旧 50 万元，计提减值准备 20 万元。该房地产公允价值为 120 万元。3 月 1 日固定资产入账价值为（　　）万元。

A. 150　　B. 80　　C. 120　　D. 100

17. 甲公司将一幢自用的厂房作为投资性房地产对外出租并采用成本模式对投资性房地产进行后续计量。该厂房的账面原值为 1 000 万元，已计提折旧 400 万元，已计提减值准备 100 万元。转换当日该厂房的公允价值为 480 万元。则该投资性房地产转换后“投资性房地产”科目的账面余额为（　　）万元。

A. 480　　B. 500　　C. 600　　D. 1 000

18. ABC 公司将一办公楼转换为采用公允价值模式计量的投资性房地产，该办公楼的账面原值为 5 000 万元，已计提的累计折旧为 100 万元，已计提的固定资产减值准备为 200 万元，转换日的公允价值为 6 000 万元，则计入“其他综合收益”科目的金额为（　　）万元。

A. 6 000　　B. 4 700　　C. 5 000　　D. 1 300

19. 存货转换为采用公允价值模式计量的投资性房地产时，投资性房地产应当按照转换当日的公允价值计量。转换当日的公允价值小于原账面价值时，其差额计入的科目是（　　）。

A. 营业外支出　　B. 公允价值变动损益

C. 投资收益　　D. 其他业务收入

20. 下列各项中，说法不正确的是（　　）。

A. 采用成本模式计量的投资性房地产的折旧（或摊销）费用应计入其他业务成本

B. 企业处置投资性房地产时，应当将处置收入计入其他业务收入

C. 企业处置采用公允价值模式计量的投资性房地产时，原转换日计入其他综合收益的金额，应转入投资收益

D. 企业处置采用公允价值模式计量的投资性房地产时，应当将累计公允价值变动

转入当期损益（其他业务成本）

二、多项选择题

1. 下列不属于投资性房地产的是（　　）。
   A. 以经营租赁方式租入再转租的建筑物
   B. 企业拥有并自行经营的饭店
   C. 企业持有并准备增值后转让的土地使用权
   D. 企业采用融资租赁方式出租的房地产
2. 按照投资性房地产准则的规定，下列属于投资性房地产的是（　　）。
   A. 企业生产经营用的土地使用权
   B. 企业出租给本企业职工居住并按照市场价格收取租金的宿舍
   C. 房地产开发企业将作为存货的商品房以经营租赁方式出租
   D. 房地产开发企业建造的楼盘部分出租，部分销售，出租部分能够单独计量的
3. 下列交易或事项的会计处理中，符合投资性房地产准则规定的有（　　）。
   A. 已出租的投资性房地产租赁期届满，因暂时空置但继续用于出租的，仍作为投资性房地产
   B. 投资性房地产主要为出租用
   C. 持有待增值的“炒楼”不作为投资性房地产
   D. 闲置土地属于投资性房地产
4. 投资性房地产采用公允价值模式进行计量需要设置的账户有（　　）。
   A. 投资性房地产累计折旧　　B. 投资性房地产减值准备
   C. 投资性房地产　　D. 公允价值变动损益
5. 关于投资性房地产的处理，下列说法正确的是（　　）。
   A. 一般情况下，同一企业只能采用一种模式对所有投资性房地产进行后续计量，不得同时采用两种计量模式
   B. 已采用公允价值模式计量的投资性房地产，不得从公允价值模式转为成本模式
   C. 投资性房地产由成本模式变为公允价值模式计量，属于会计政策变更
   D. 采用公允价值模式对投资性房地产进行后续计量的企业，对其拥有的任何投资性房地产均不得采用成本模式进行后续计量
6. 关于投资性房地产的计量模式，下列说法中正确的有（　　）。
   A. 一般情况下，已经采用公允价值模式计量的同一项投资性房地产，不得从公允价值模式转为成本模式
   B. 已经采用成本模式计量的投资性房地产，不得从成本模式转为公允价值模式
   C. 采用公允价值模式计量的，不对投资性房地产计提折旧或进行摊销

D. 企业对投资性房地产的计量模式一经确定不得随意变更

7. 下列关于投资性房地产的后续计量，表述正确有（　　）。

A. 投资性房地产采用公允价值模式进行后续计量的，不计提折旧或摊销

B. 采用成本模式进行后续计量的投资性房地产，应当按月计提折旧或摊销，计入“其他业务成本”

C. 采用成本模式进行后续计量的投资性房地产，经减值测试后确定发生减值，应当计提减值准备

D. 如果已经计提减值准备的投资性房地产的价值又得以恢复，应当转回

8. 企业有确凿证据表明房地产用途发生改变，应当将投资性房地产转换为其他资产或者将其他资产转换为投资性房地产的有（　　）。

A. 投资性房地产开始自用

B. 作为存货的房地产，改为出租

C. 自用建筑物停止自用，改为出售

D. 自用土地使用权停止自用，用于资本增值

9. 甲公司将采用公允价值模式计量的投资性房地产转为自用固定资产，转换日该投资性房地产的公允价值为 2 000 万元，转换日之前“投资性房地产——成本”科目余额为 2 300 万元，“投资性房地产——公允价值变动”科目贷方余额为 200 万元，则转换日正确的处理方法为（　　）。

A. 计入“投资收益”借方 100 万元

B. 计入“其他综合收益”贷方 300 万元

C. 计入“公允价值变动损益”借方 100 万元

D. 计入“固定资产”借方 2 000 万元

10. 企业将自用房地产或存货转换为采用公允价值模式计量的投资性房地产，下列说法中正确的有（　　）。

A. 自用房地产或存货转换为采用公允价值模式计量的投资性房地产，该项投资性房地产应当按照转换当日的公允价值计量

B. 自用房地产或存货转换为采用公允价值模式计量的投资性房地产，该项投资性房地产应当按照转换当日的账面价值计量

C. 转换当日的公允价值小于原账面价值的，其差额计入当期损益

D. 转换当日的公允价值和原账面价值的差额，作为公允价值变动损益

11. 下列有关投资性房地产后续计量会计处理的表述中，正确的有（　　）。

A. 不同企业可以分别采用成本模式或公允价值模式

B. 满足特定条件时可以采用公允价值模式

C. 同一企业可以分别采用成本模式和公允价值模式

D. 同一企业不得同时采用成本模式和公允价值模式

12. 在对投资性房地产的有关业务进行核算时，对于下列各事项，应该计入“其他业务成本”或“其他业务收入”科目的有（　　）。

A. 转让投资性房地产收到价款

B. 因投资性房地产经营租赁而缴纳的增值税

C. 投资性房地产的日常维修费用

D. 投资性房地产的折旧费用或摊销费用

三、判断题

1. 企业出租的建筑物或土地使用权，只有能够单独计量和出售的才能确认为投资性房地产。（　　）

2. 甲公司与乙企业签订了一项经营租赁合同，乙企业将其持有的一块土地出租给甲公司，租金为每年 50 万元，租赁期为 8 年。甲公司又将此土地转租给 Z 公司，租金为每年75万元，租赁期为5年。甲公司在将土地转租给Z公司时，应确认为投资性房地产。（　　）

3. 企业通过经营租赁方式租入的建筑物再出租的，不属于投资性房地产的范围（　　）。

4. 一项房地产，部分用于赚取租金或资本增值，部分用于生产商品、提供劳务或经营管理。用于赚取租金或资本增值的部分，如果能够分别计量和出售的，也就是说自用部分和投资部分的成本能够单独分清，投资部分能单独出售，可随时交割产权，可以确认为投资性房地产。（　　）

5. 企业不论在成本模式下，还是在公允价值模式下，投资性房地产取得的租金收入，均确认为其他业务收入。（　　）

6. 采用公允价值计量模式进行后续计量的房地产在资产负债表日，应计提减值准备的，应借记“资产减值损失”，贷记“投资性房地产减值准备”科目。（　　）

7. 采用公允价值模式计量的投资性房地产转换为自用房地产时，应当以其转换当日的公允价值作为自用房地产的账面价值，公允价值与原账面价值的差额计入其他综合收益（公允价值变动损益）。（　　）

8. 企业采用公允价值模式进行后续计量的，不应当对投资性房地产计提折旧或进行摊销。（　　）

9. 投资性房地产的计量模式由成本模式转为公允价值模式应当作为会计估计变更，采用未来适用法进行处理。（　　）

10. 采用公允价值模式计量的投资性房地产转为成本模式时，按照会计政策变更处理。（　　）

11. 采用公允价值模式对投资性房地产进行后续计量，取得的租金收入，借记“银行存款”等科目，贷记“公允价值变动损益”科目。（　　）

12. 自用房地产或存货转换为采用公允价值模式计量的投资性房地产时，投资性房地产按照转换当日的公允价值计价，转换当日的公允价值小于原账面价值的，其差额计入当期损益；转换当日的公允价值大于原账面价值的，其差额计入所有者权益。（　　）

业务实训题

实训一

目的：实训投资性房地产在成本模式下的会计核算。

资料：甲股份有限公司（简称甲公司）为增值税一般纳税人，适用的增值税一般税率为 17%，不动产租赁增值税税率为 11%，不考虑除增值税以外的其他税费。有关资料如下：

1. 甲公司将该写字楼经营租赁给乙公司，租赁期为 1 年，年租金为 300 万元（不含税），租金于每年年末结清。租赁期开始日为 2015 年 1 月 1 日。租赁期间，由甲企业提供该写字楼的日常维护。该写字楼的原造价为 3 000 万元，按直线法计提折旧，使用寿命为 30 年，预计净残值为零，已计提折旧 1 000 万元，账面价值为 2 000 万元。甲公司采用成本模式对投资性房地产进行后续计量。

2. 2015 年 12 月，该办公楼发生减值迹象，经减值测试，本年减值 200 万元；2015 年共发生日常维护费用 40 万元，均以银行存款支付。

3. 2016 年 1 月 1 日，甲公司决定于当日开始对该写字楼进行再开发，共发生支出 200 万元，均以银行存款支付。

4. 2016 年 6 月 30 日，该写字楼再开发完成，开发完成后将继续用于经营租赁。2016 年 4 月 20 日，甲公司与丙公司签订经营租赁合同，约定自 2016 年 7 月 1 日起将写字楼出租给丙公司。租赁期为 2 年，年租金为 480 万元（不含税，增值税税率为 11%），租金每年 7 月 1 日和 1 月 1 日支付。

5. 写字楼再开发完成后，预计该项投资性房地产尚可使用年限为 25 年，预计净残值为零，折旧方法仍为直线法。

要求：

1. 编制 2015 年 1 月 1 日甲公司出租写字楼的有关会计分录。
2. 编制 2015 年 12 月 31 日该投资性房地产的有关会计分录。
3. 编制 2016 年甲公司该投资性房地产再开发的有关会计分录。
4. 编制 2016 年 12 月 31 日该投资性房地产的有关会计分录。

实训二

目的：综合实训固定资产、无形资产和投资性房地产的会计核算。

资料：大东公司有关投资性房地产的业务资料如下：

1. 2011 年 1 月 10 日，从政府购入一块土地使用权，支付价款及相关税费共计 2 000 万元，土地使用权的使用年限为 50 年，大东公司按年平均摊销。

2. 2012 年 1 月 1 日，大东公司在此土地上自行建造一栋写字楼作为本公司办公用，购入工程物资一批，增值税专用发票上注明的买价为 400 万元，增值税税额为 68 万元，工程物资已验收入库。

3. 工程领用全部工程物资，同时领用本公司部门产品一批，该批产品的实际成本为 40 万元。

4. 应付工程人员工资及福利费合计 43.5 万元。

5. 2012 年 6 月 30 日，工程达到预定可使用状态并交付使用。该办公楼预计使用年限为 40 年，预计净残值为零，采用直线法计提折旧。

6. 2015 年 12 月 20 日，大东公司因另一写字楼完工交付使用，决定将写字楼经营出租给乙公司，租赁期为 10 年，年租金为 60 万元。出租时办公楼的公允价值为 800 万元。假定符合公允价值模式计量的条件，大东公司采用公允价值模式核算投资性房地产。

7. 2016 年 12 月 25 日，收到乙公司支付的 2016 年度租金 60 万元，增值税税率为 6%。

8. 2016 年 12 月 31 日，该办公楼的公允价值为 880 万元。

要求：

1. 编制大东公司 2011 年度的有关会计分录。
2. 编制大东公司 2012 年度的有关会计分录。
3. 编制大东公司 2015 年度将固定资产转为投资性房地产的有关会计分录。
4. 编制大东公司 2016 年度有关投资性房地产的会计分录。

项目八

非货币性资产交换的核算

训练目标

1. 理解货币性资产和非货币性资产的区别。
2. 理解非货币性资产交换的概念、判断标准及认定。
3. 掌握不涉及补价情况下的非货币性资产交换的核算。
4. 掌握涉及补价情况下的非货币性资产交换的核算。
5. 掌握涉及多项资产的非货币性资产交换的核算。
6. 熟悉非货币性资产交换具有商业实质的条件。

理论练习题

一、单项选择题

1. 下列各项中，属于货币性资产的是（　　）。

A. 无形资产　　B. 股权投资

C. 应收账款　　D. 不准备持有至到期的债券投资

2. 下列各项中，不属于非货币性资产的有（　　）。

A. 预付账款　　B. 准备持有至到期的债券投资

C. 可转换公司债券　　D. 固定资产

3. 根据《企业会计准则——非货币性资产交换》的规定，下列项目属于货币性资产的是（　　）。

A. 作为可供出售金融资产的权益工具　　B. 对有市价的股票进行的投资

C. 不准备持有至到期的债券投资　　D. 准备持有至到期的债券投资

4. 下列各项交易中，属于非货币性资产交换的有（　　）。

A. 以准备持有至到期的债券投资换入固定资产

B. 以银行汇票购买材料

C. 以银行本票购买无形资产

D. 以固定资产换入股权投资

5. 下列说法中，不正确的是（　　）。

A. 非货币性资产交换可以涉及少量补价，通常以补价占整个资产交换金额的比例低于25%作为参考

B. 当交换具有商业实质并且公允价值能够可靠计量时，应当以公允价值和应支付的相关税费作为换入资产的成本

C. 不具有商业实质的交换，应当以换出资产的账面价值和应支付的相关税费作为换入资产的成本

D. 收到补价时应确认收益，支付补价时不能确认收益

6. 在确定涉及补价的交易是否为非货币性资产交换时，支付补价的企业，应当按照支付的补价占（　　）的比例低于25%确定。

A. 换出资产公允价值　　B. 换出资产公允价值加上支付的补价

C. 换入资产公允价值加补价　　D. 换出资产公允价值减补价

7. 以下事项中，属于非货币性资产交换的是（　　）。

A. 用货币资金100万元购入原材料

B. 用应收账款100万元抵偿债务

C. 用银行存款30万元购入汽车

D. 用价值30万元的机器设备换取等值的汽车

8. ABC公司发生的下列非关联交易中，属于非货币性资产交换的是（　　）。

A. 以公允价值为200万元的手机一批换入甲公司的一项生产手机零件的流水线，并支付补价60万元

B. 以账面价值为100万元的固定资产换入乙股份有限公司公允价值为100万元的液晶电视一批，用于职工福利，并支付乙股份有限公司补价25万元

C. 以公允价值为320万元的专利设备换入某公司一项电子设备，并支付补价140万元

D. 用一项准备随时变现的股票投资换入丙公司公允价值为300万元的生产设备一台，并支付补价110万元

9. 在交换具有商业实质且公允价值能够可靠计量时，下列说法不正确的是（　　）。

A. 非货币性资产交换不能确认损益

B. 换出资产为固定资产、无形资产的，换出资产公允价值与其账面价值的差额，

计入营业外收入或营业外支出

C. 换出资产为长期股权投资的，换出资产公允价值与其账面价值的差额，计入投资损益

D. 收到补价方，应当以换出资产的公允价值减去补价（或换入资产的公允价值）加上应支付的相关税费，作为换入资产的成本

10. 非货币性资产交换中，如果同时换入多项资产，非货币性资产交换具有商业实质，且换入资产的公允价值能够可靠计量的，应当按照（　　）的比例，对换入资产的成本总额进行分配，确定各项换入资产的入账价值。

A. 换入各项资产的公允价值与换入资产公允价值总额

B. 换出各项资产的公允价值与换出资产公允价值总额

C. 换入各项资产的账面价值与换入资产账面价值总额

D. 换出各项资产的账面价值与换出资产账面价值总额

二、多项选择题

1. 下列各项目中，属于货币性资产的有（　　）。

A. 应收账款　　B. 应收票据

C. 交易性金融资产的股票投资　　D. 准备持有至到期的债券投资

2. 以下资产符合货币性资产条件的是（　　）。

A. 可以给企业带来经济利益

B. 具有流动性

C. 将为企业带来的经济利益是固定的

D. 将为企业带来的经济利益是可确定的

3. 下列各项交易中，属于非货币性资产交换的有（　　）。

A. 以固定资产换入股权　　B. 以银行汇票购买原材料

C. 以银行本票购买固定资产　　D. 以无形资产换入原材料

4. 在计算补价占整个交易金额25%的比例时，下列公式中正确的有（　　）。

A. 收到的补价÷换出资产公允价值<25%

B. 收到的补价÷（收到的补价+换出资产公允价值）<25%

C. 支付的补价÷（支付的补价+换入资产的账面价值）<25%

D. 支付的补价÷（支付的补价+换出资产公允价值）<25%

5. 下列业务中，属于非货币性资产交换的有（　　）。

A. 甲公司以公允价值为 20 万元的原材料换入乙公司的机器设备一台，并支付补价 2 万元给乙公司

B. 甲公司以账面价值 13 000 元的设备交换乙公司的库存商品，乙公司库存商品

账面价值 9 000 元。甲公司设备的公允价值等于账面价值，并且甲公司收到乙公司支付的补价 600 元

C. 甲公司用公允价值为 100 万元的准备持有至到期的债券投资换入公允价值为 80 万元的长期股权投资，收到补价为 20 万元

D. 甲公司以账面价值 560 万元，公允价值为 580 万元的专利技术换取一台电子设备，另收取补价 50 万元

6. 下列有关非货币性资产交换的说法中，正确的有（ ）。

A. 只要非货币性资产交换具有商业实质，就应当以公允价值和应支付的相关税费作为换入资产的成本

B. 若换入资产的未来现金流量在风险、时间和金额方面与换出资产显著不同，则该非货币性资产交换一般具有商业实质

C. 在确定非货币性资产交换是否具有商业实质时，企业应当关注交易各方之间是否存在关联方关系，关联方关系的存在可能导致发生的非货币性资产交换不具有商业实质

D. 只要换出资产的公允价值能够可靠确定，就应当以其公允价值和应支付的相关税费作为换入资产的成本

7. 在非货币性资产交换中，具有商业实质的表现有（ ）。

A. 换入资产的未来现金流量在风险、时间和金额方面与换出资产显著不同

B. 换入资产与换出资产的预计未来现金流量现值不同，且其差额与换入资产和换出资产的公允价值相比是重大的

C. 非货币性资产的公允价值能可靠计量

D. 非货币性资产交换签订了合同

8. 以公允价值作为换入资产入账价值的条件有（ ）。

A. 换入的是非货币性资产

B. 收到补价或支付补价

C. 该项交换具有商业实质

D. 换入资产或换出资产的公允价值能够可靠地计量

9. 在换入资产按公允价值计量的情况下，换出资产为固定资产、无形资产的，其换出资产公允价值和换出资产账面价值的差额，可计入（ ）。

A. 营业外收入　　B. 其他业务收入

C. 营业外支出　　D. 其他业务成本

10. 在不具有商业实质、涉及补价的非货币性资产交换中，影响换入资产的入账价值的因素有（ ）。

A. 换出资产的账面价值　　B. 换出资产计提的减值损失

C. 换出资产支付的相关税费　　D. 换出资产收到的补价

三、判断题

1. 货币性资产，是指企业持有的货币资金和将以固定或可确定的金额收取的资产，包括现金、银行存款、应收账款和应收票据以及准备持有至到期的债券投资等。(　　)

2. 换出资产为交易性金融资产、持有至到期投资、可供出售金融资产的，换出资产公允价值与其账面价值的差额，计入投资损益。(　　)

3. A 公司以一台设备交换 B 公司的一项无形资产，该设备账面原价为 30 万元，累计折旧为 7.5 万元，公允价值为 18 万元；无形资产的账面价值和公允价值均为 23.25 万元。A 公司另行向 B 公司支付现金 5.25 万元，则该交易属于非货币性资产交换。(　　)

4. 在非货币性资产交换中，如果换入资产的未来现金流量在风险、金额、时间方面与换出资产显著不同，即使换入或换出资产的公允价值不能可靠计量，也应将该交易认定为具有商业实质。(　　)

5. 在非货币性资产交换中，只要该项交换具有商业实质，就可以按公允价值计量换入资产的成本。(　　)

6. 关联方关系的存在可能导致发生的非货币性资产交换不具有商业实质。(　　)

7. 非货币性资产交换是否具有商业实质，应根据换入资产的性质和换入企业经营活动的特征等因素判断。换入资产与企业其他现有资产相结合能够产生更大的作用，使换入企业受该换入资产影响产生的现金流量与换出资产明显不同，表明该两项资产的交换具有商业实质。(　　)

8. 非货币性资产交换具有商业实质，且换入资产的公允价值能够可靠计量的，应当按照换入各项资产的账面价值占换入资产账面价值总额的比例，对换入资产的成本总额进行分配，确定各项换入资产的成本。(　　)

9. 非货币性资产交换具有商业实质且公允价值能够可靠计量的，应按公允价值计量换入资产成本，换出资产公允价值大于其账面价值的差额，均应作为非货币性资产交换损益，计入营业外收入。(　　)

10. 当非货币性资产交换同时满足“交换具有商业实质”和“换入资产或换出资产的公允价值能够可靠地计量”两个条件时，应当以公允价值和应支付的相关税费作为换入资产的成本，公允价值与换出资产账面价值的差额计入当期损益。(　　)

业务实训题

实训一

目的：实训在账面价值计量模式下非货币性资产（存货）交换的会计核算。

资料：东海公司和西海公司均为增值税一般纳税人，购销货物适用的增值税税率均为

17%。东海公司以甲商品换入西海公司乙商品作为生产用材料，西海公司换入的甲商品用于销售。有关资料如下：

1. 东海公司换出的甲商品账面余额为 60 000 元，已计提存货跌价准备 3 000 元，计税价格为 68 000 元。

2. 西海公司换出的乙商品账面余额为 50 000 元，已计提存货跌价准备 5 000 元，计税价格为 65 000 元。

3. 整个资产交换过程没有发生除增值税以外的其他相关税费。假定交换不具有商业实质。

要求：根据资料，分别为东海公司和西海公司做出非货币性资产交换的会计分录。

实训二

目的：实训账面价值计量模式下涉及补价的非货币性资产交换的会计核算。

资料：假设黄山公司、泰山公司均为增值税一般纳税人，增值税基本税率为 17%，建筑业税率为 11%。黄山公司以一栋仓库交换泰山公司拥有的库存商品，假设该交换不具有商业实质。有关资料如下：

1. 黄山公司有一个离生产基地较远的仓库，该仓库的账面原值为 350 万元，已提折旧 200 万元，税务机关核定的房地产公允价值 180 万元。黄山公司为取得泰山公司的商品以银行存款支付给运输公司的运输费 2 万元，增值税 0.22 万元。

2. 泰山公司换出的库存商品账面价值 155 万元，计税价格为 160 万元。

3. 双方商定，在交换中泰山公司以银行存款补付黄山公司货币资金 10 万元。

要求：根据资料，分别为黄山公司和泰山公司做出非货币性资产交换的会计分录。

实训三

目的：实训在公允价值计量模式下存货和固定资产交换的会计核算。

资料：长江公司、黄河公司均为增值税一般纳税人，增值税基本税率为 17%，运输业税率为 11%。长江公司以 A 商品换入黄河公司持有的 B 设备作固定资产使用，黄河公司换入的 A 商品作材料使用。假设该交换具有商业实质，资产的公允价值能可靠计量。有关资料如下：

1. 长江公司换出的 A 商品的账面余额为 200 000 元，已计提存货跌价准备 20 000 元，公允价值为 240 000 元。

2. 黄河公司换出的 B 生产设备的账面原值为 320 000 元，已累计折旧 50 000 元，公允价值为 240 000 元。

3. 长江公司以银行存款支付 B 设备的运杂费 5 000 元；黄河公司以银行存款支付 B 设备的清理费 1 600 元和 A 商品的运杂费 1 110 元（含增值税）。

要求：根据资料，分别为长江公司、黄河公司做会计分录。

实训四

目的：实训在公允价值计量模式下非货币性资产交换的会计核算。

资料：春华公司、秋月公司均为增值税一般纳税人，增值税基本税率为 17%，运输业税率为 11%。春华公司以机修设备换入秋月公司持有的数控设备，设备均作为固定资产使用。假设该交换具有商业实质，资产的公允价值能可靠计量。有关资料如下：

1. 春华公司所持有的机修设备的账面原值为 180 000 元，已累计折旧 50 000 元；公允价值均为 120 000 元（不含税）。公司在接受数控设备过程中以银行存款支付给运输公司运费 1 000 元，增值税 110 元。

2. 秋月公司所持有的数控设备的账面原值为 130 000 元，已累计折旧 10 000 元；公允价值为 110 000 元（不含税）。公司在接受机修设备过程中以银行存款支付运费 1 200 元，增值税 132 元。

3. 春华公司收到秋月公司支付的补价款 10 000 元。

要求：根据资料，分别为春华公司和秋月公司做出非货币性资产交换的会计分录。

实训五

目的：实训在公允价值计量模式下换入多项资产的会计核算。

资料：假设森海公司、森林公司均为增值税一般纳税人，增值税税率为 17%，提供的货物价格均不含增值税。森海公司以库存商品和交易性金融资产换入森林公司持有的长期股权投资和固定资产设备一台。交换后资产用途均不发生改变。假设该交换具有商业实质，资产的公允价值能可靠计量。有关资料如下：

1. 森海公司的库存商品的账面余额为 150 万元，公允价值（计税价格）为 200 万元；交易性金融资产的账面余额为 260 万元（其中：成本为 210 万元，公允价值变动为 50 万元），公允价值为 300 万元。

2. 森林公司的长期股权投资的账面余额为 300 万元，公允价值为 336 万元；固定资产的账面原值为 240 万元，已计提折旧 100 万元，公允价值为 144 万元。

3. 森林公司向森海公司支付银行存款 54 万元作为补价。

要求：

1. 计算森海公司换入各项资产的成本。
2. 编制森海公司有关会计分录。
3. 计算森林公司换入各项资产的成本。
4. 编制森林公司有关会计分录。

项目九

负债的核算

训练目标

1. 掌握短期借款利息计提和到期偿还的核算方法。
2. 掌握应付账款的基本账务处理。
3. 掌握应付票据的基本账务处理。
4. 掌握应付职工薪酬的账务处理。
5. 掌握各种税费的基本账务处理。
6. 掌握长期借款的基本账务处理，正确计算借款利息费用。
7. 熟悉应付债券发行和利息调整的摊销方法，能运用实际摊销法计算确定利息费用。
8. 掌握借款费用的概念、借款费用资本化的范围和条件，运用借款费用会计准则，计算确定专门借款和一般借款的借款费用资本化金额。

理论练习题

一、单项选择题

1. 短期借款的主要目的在于解决（　　）。

A. 流动资金不足　　B. 长期资金不足

C. 所有资金不足　　D. 实收资本不足

2. 预提短期借款利息通过（　　）科目单独进行核算。

A. 财务费用　　B. 短期借款　　C. 应计利息　　D. 应付利息

3. 如果企业到期不能偿付商业承兑汇票，应将“应付票据”转作（　　）。

A. 长期应付款　B. 其他应付款　C. 短期借款　D. 应付账款

4. 企业签发银行承兑汇票时，按承兑金额的一定比例支付的承兑手续费，应计入（　　）科目。

A. 财务费用　B. 在建工程

C. 销售费用　D. 长期待摊费用

5. 在我国，商业汇票的付款期限由交易双方商定，但最长不得超过（　　）。

A. 1个月　B. 3个月　C. 6个月　D. 12个月

6. 企业如果发生无法支付的应付账款时，应计入（　　）。

A. 营业外收入　B. 管理费用　C. 营业外支出　D. 资本公积

7. 预收账款不多的企业，也可以不设置本科目，将预收的款项直接计入（　　）科目。

A. 其他应收款　B. 应收账款　C. 应付账款　D. 预付账款

8. 企业为了详细反映应付票据的有关情况，应设置（　　）。

A. 收款单位明细账　B. 票据种类明细账

C. 收款单位和票据种类明细账　D. 应付票据备查簿

9. 企业计算应缴的城市维护建设税应通过（　　）科目核算。

A. 税金及附加　B. 管理费用

C. 销售费用　D. 其他业务成本

10. 因解除与职工的劳动关系给予的补偿，借记（　　）科目，贷记“应付职工薪酬”。

A. 生产成本　B. 在建工程　C. 管理费用　D. 制造费用

11. 下列税金中，与企业计算损益无关的是（　　）。

A. 消费税　B. 增值税　C. 企业所得税　D. 城市建设维护税

12. 小规模纳税企业购入原材料取得的增值税专用发票上注明：货款20 000元，增值税3 400元，在购入材料的过程中另支付运费600元，增值税66元。则该企业原材料的入账价值为（　　）元。

A. 24 066　B. 20 600　C. 20 540　D. 23 400

13. 企业缴纳的（　　）等不需要预计应缴数的税金，不通过“应交税费”科目核算。

A. 印花税　B. 增值税　C. 消费税　D. 房产税

14. 企业当月缴纳当月的增值税，应通过（　　）科目核算。

A. 应交税费——应交增值税（已交税金）

B. 应交税费——未交增值税

C. 应交税费——应交增值税（转出未交增值税）

D. 应交税费——应交增值税

15. 月度终了，本月多缴的增值税也应自“应交税费——应交增值税”明细科目转入（　　）明细科目。

A. 应交税费——应交增值税（转出多交增值税）

B. 应交税费——未交增值税

C. 应交税费——应交增值税（已交税金）

D. 应交税费——应交增值税（进项税额转出）

16. 在债券发行时，假定其他条件不变的情况下，当票面利率高于市场利率时，称为（　　）。

A. 加价发行　　B. 溢价发行　　C. 平价发行　　D. 折价发行

17. 委托加工的应税消费品收回后准备直接出售的，由受托方代扣代缴的消费税，委托方应借记的会计科目是（　　）。

A. 在途物资　　B. 委托加工物资

C. 应交税费——应交消费税　　D. 营业税金及附加

18. 下列项目中，不属于借款费用的是（　　）。

A. 外币借款发生的汇兑损失　　B. 发行公司债券的印刷费

C. 发行公司股票的佣金　　D. 借款的手续费

19. 在借款费用准则中，下列项目属于会计准则中规定的“正常中断”的是（　　）。

A. 质量纠纷　　B. 安全事故　　C. 劳动纠纷　　D. 地震

20. 下列项目中，不属于职工薪酬的是（　　）。

A. 职工福利费　　B. 职工出差报销的差旅费

C. 商业养老保险费　　D. 为职工无偿提供医疗保健服务

二、多项选择题

1. 企业发生的下列相关税金中，应计入存货成本的有（　　）。

A. 为企业厂房缴纳的房产税

B. 委托加工物资收回后直接用于销售的货物由受托方代收代缴的消费税

C. 小规模纳税企业购进货物支付的增值税

D. 一般纳税人从海关取得的完税凭证上注明的增值税税额

2. 下列各项中，应通过“应付职工薪酬”科目核算的有（　　）。

A. 基本工资　　B. 经常性奖金

C. 养老保险费　　D. 工会经费

3. 下列属于“职工薪酬”准则中所规定的职工的是（　　）。

A. 全职、兼职职工　　B. 董事会成员

C. 内部审计委员会成员　　D. 劳务用工合同人员

4. 社会保险费，是指企业按照国家规定的基准和比例计算，向社会保险经办机构缴纳的（　　）。

A. 医疗保险金　　B. 养老保险金

C. 失业保险金　　D. 工伤保险费和生育保险费

5. 企业购入货物或接受劳务，能够作为当期进项税额抵扣的是（　　）。

A. 取得增值税专用发票上注明的增值税

B. 取得海关完税凭证上注明的增值税

C. 购进免税农产品准予抵扣的增值税

D. 增值税专用发票上未按税法规定注明的增值税

6. 按照规定，可以计入“税金及附加”科目的税金有（　　）。

A. 土地增值税　　B. 消费税

C. 城市维护建设税　　D. 教育费附加

7. 下列属于应该计入“税金及附加”科目的税金有（　　）。

A. 城市维护建设税　　B. 矿产资源补偿费

C. 车船使用税　　D. 土地使用税

8. 下列业务中，企业通常视同销售处理的有（　　）。

A. 销售代销货物　　B. 职工食堂领用企业外购的库存商品

C. 企业将自产的产品用于厂房建设　　D. 企业将委托加工的货物用于投资

9. 借款费用，是指企业因借款而发生的利息及其他相关成本，主要包括（　　）。

A. 借款利息　　B. 利息调整的摊销

C. 辅助费用　　D. 因外币借款而发生的汇兑差额

10. 下列各项工作中，应通过“其他应付款”科目核算的有（　　）。

A. 应付的租入包装物租金　　B. 应付的社会保险费

C. 应付的客户存入保证金　　D. 应付的经营租入固定资产租金

11. 下列各项中，应作为应付职工薪酬核算的有（　　）。

A. 支付的工会经费　　B. 支付的职工教育经费

C. 为职工支付的住房公积金　　D. 为职工无偿提供的医疗保健服务

12. 下列各项交易或事项，应通过“其他应付款”科目核算的有（　　）。

A. 客户存入的保证金　　B. 应付股东的股利

C. 应付租入包装物的租金　　D. 预收购货单位的货款

13. 下列对长期借款利息费用的会计处理，正确的有（　　）。

A. 筹建期间的借款利息计入管理费用

B. 筹建期间的借款利息计入长期待摊费用

C. 日常生产经营活动的借款利息计入财务费用

D. 符合资本化条件的借款利息计入相关资产成本

14. 企业缴纳的下列税金，应通过“应交税费”科目核算的有（　　）。

A. 印花税　　B. 耕地占用税　　C. 房产税　　D. 土地增值税

15. 下列各项中，属于应付职工薪酬的短期薪酬的有（　　）。

A. 职工福利费　　B. 医疗保险费

C. 住房公积金　　D. 养老保险费

三、判断题

1. 应付票据是指出票人签发的、委托付款人在指定日期无条件支付确定的金额给收款人或者持票人的票据，包括商业承兑汇票和银行承兑汇票两种。（　　）

2. 企业提供给职工配偶、子女或其他被赡养人的福利等，不属于职工薪酬。（　　）

3. 冲销无法支付的应付账款时，应贷记“营业外收入”科目。（　　）

4. 按照纳税人的经营规模及会计核算的健全程度，增值税的纳税人分为一般纳税人和小规模纳税人。（　　）

5. 小规模纳税人销售货物或提供应税劳务，应纳税额等于当期销项税额抵扣当期进项税额后的余额。（　　）

6. 消费税的征收方法采用从价定率、从量定额两种方法。（　　）

7. 董事会或类似机构提议分派的现金股利或利润，不作为应付股利核算。（　　）

8. “应付债券——利息调整”应在债券存续期间采用直线法进行摊销。（　　）

9. 为购建或者生产符合资本化条件的资产而借入专门借款的，应当以专门借款当期实际发生的利息费用，减去将尚未动用的借款资金存入银行取得的利息收入或者进行暂时性投资取得的投资收益后的金额确定。（　　）

10. 对于那些购入即可使用的资产，或者虽然需要安装、建造或生产但时间较短的资产，不属于符合资本化条件的资产。（　　）

11. 企业为生产产品而借入的款项所产生的利息，不能够进行资本化。（　　）

12. 专门借款，是指为购建固定资产而专门借入的款项。（　　）

13. 在借款费用资本化期间，为购建或者生产符合资本化条件的资产占用了一般借款的，一般借款的利息均予以资本化。（　　）

14. 某企业在北方某地建造某工程项目，正遇冰冻季节，工程施工因此中断，且中断时间超过 3 个月，该企业没有因此停止借款费用的资本化处理。（　　）

15. 继续发生在所购建或生产的符合资本化条件的资产上的支出金额很少或者几乎不再发生时，可以判断资产达到预定可使用状态或可销售状态，应当停止资本化。（　　）

16. 符合借款费用资本化条件的存货通常需要经过相当长时间（3 个月或以上）的建造或者生产过程，才能达到预定可销售状态。（　　）

17. 上市公司董事会通过股票股利分配方案时，财会部门应将拟分配的股票股利确认

为负债。(　　)

18. 企业为职工缴纳的基本养老保险金、补充养老保险费，以及为职工购买的商业养老保险，均属于企业提供的职工薪酬。(　　)

19. 企业缴纳的各项税金都应通过“应交税费”科目核算。(　　)

20. 对于短期借款和长期借款发生的利息费用，在会计处理上是一致的。(　　)

业务实训题

实训一

目的：实训短期借款的核算。

资料：某企业 2016 年发生下列有关短期借款的经济业务：

1. 7 月 1 日，从工商银行借入为期 6 个月的借款 40 万元，存入银行基本存款户，年利率 6%。合同规定，每月计提利息，按季支付利息。

2. 7 月 31 日，计提本月应付利息。

3. 9 月 30 日确认利息费用，并支付季度利息。

4. 12 月 31 日，短期借款到期，归还本金及利息。

要求：根据上述资料计算每月应付利息，并编制相关会计分录。

实训二

目的：实训应交增值税的核算。

资料：某企业属于增值税一般纳税人，增值税税率为 17%，存货核算采用实际成本法。本月发生下列有关经济业务：

1. 以银行存款缴纳上月未缴的增值税 4 500 元。

2. 销售应交增值税产品 5 000 000 元，按规定收取增值税税额 850 000 元，货款已收到，存入银行。

3. 用银行存款缴纳本月增值税税额 400 000 元。

4. 在建厂房工程领用材料用于工程建设，材料实际成本为 500 000 元。

5. 以银行存款购入生产设备一台，价款 1 400 000 元，增值税税额 238 000 元，设备不需要安装，已投入使用。

6. 以银行存款购入家具一批，列入周转材料。该批家具价款 6 000 元，增值税税额 1 020 元，家具已投入使用。

7. 从某单位购入材料一批，增值税专用发票上注明货款 20 000 元，增值税税额 3 400 元，货款签发转账支票支付，材料已验收入库。

8. 以银行存款支付购入材料的运输费 2 000 元，增值税税额 220 元，并取得专用发票。

9. 计算本月应交增值税及“应交税费——应交增值税”的期末余额。

10. 将本月应交增值税转入“应交税费——未交增值税”科目。

要求：根据上述经济业务编制会计分录。

实训三

目的：实训应交税费的核算。

资料：神龙集团为增值税一般纳税人，材料按实际成本核算，适用的增值税基本税率为 17%，本年 4 月发生经济业务如下：

1. 购入一批原材料，增值税专用发票上注明的材料价款为 200 万元，增值税为 34 万元。货款已付，材料已验收入库。

2. 厂房工程领用生产用料，价值 8 万元。

3. 出售一项商标权，转让收入 5 万元已存入银行，该项商标权的账面成本 8 万元，累计摊销 6 万元。适用的增值税税率为 6%。

4. 从南海公司购入一台生产设备，增值税专用发票上记载的设备价款为 100 万元，支付的增值税税额为 17 万元，款项已由银行支付。

5. 销售产品一批，销售收入为 300 万元（不含税），货款及税款尚未收到。

6. 销售应交增值税产品给乙公司（乙公司为小规模纳税人），应收取款项（价税合计）为 58.5 万元，已由银行收妥。

7. 从小规模纳税企业购入一批材料，发票上记载的货款为 175.5 万元，材料已经验收入库，款项尚未支付。

8. 收购农业产品，实际支付的价款为 10 万元，收购的农业产品已验收入库（假定准予抵扣的进项税额按买价和 13%的扣除率计算）。

9. 出售厂房一栋，原价 1 000 万元，累计折旧 700 万元，出售收入 585 万元（含税价，增值税税率为 11%），清理费用 3 万元。厂房清理完毕，所有款项均以银行存款收付。

10. 购买材料一批，增值税专用发票上注明的价款为 60 万元，增值税为 10.2 万元。价税款签发银行汇票支付，材料已经到达。企业另以银行存款支付运输费 0.2 万元，取得运输发票专用发票一张，税额 0.022 万元。

要求：根据上述资料，编制有关经济业务的会计分录（为简化核算，不考虑城市维护建设税和教育费附加）。（答案中的金额单位用万元表示）

实训四

目的：实训应付职工薪酬的核算。

资料：丙公司 2016 年 8 月发生下列有关应付职工薪酬的经济业务：

1. 本月应付工资总额为600 000元，其中生产工人工资为300 000元，在建工程人员工资为150 000元，管理人员工资为100 000元，产品销售人员工资为50 000元。

2. 按本月应付工资总额的5%、12%、2%、2%和1%分别计提职工医疗保险费、住房公积金、工伤保险费、生育保险费和失业保险费。

3. 张华报销职工医疗费8 000元，以银行存款支付。

4. 本月10日工资发放完毕。

5. 丙公司为公司高层管理人员提供汽车免费使用。本月应计提的小轿车折旧 60 000元。同时，公司为高级人才提供免费租赁住房一套，本月应支付租赁费8 000元。

要求：根据上述经济业务编制会计分录。

实训五

目的：实训应交消费税的核算。

资料：某企业发生下列有关经济业务，据以编制会计分录：

1. 该企业属于增值税一般纳税人，本月销售摩托车20辆，每辆售价30 000元（不含向购买方收取的增值税），货款未收到。摩托车每辆成本12 000元。增值税税率为17%、消费税税率为10%。

2. 该企业委托外单位加工材料，原材料价款100 000元，加工费用24 000元，由受托方代收代缴的消费税6 000元，增值税税率为17%。材料已加工完毕且验收入库，准备进一步加工产品。加工费以银行存款支付。

要求：根据上述经济业务编制会计分录。

实训六

目的：实训其他税费的核算。

资料：某企业发生下列有关经济业务，据以编制会计分录：

1. 该企业转让一项专利权的所有权，收取价款50 000元，该专利权账面价值25 000元，转让无形资产的增值税税率为6%。

2. 该企业本月主营业务应交增值税10 000元，消费税5 000元。按5%计算应交城市维护建设税，按3%计算本月应缴的教育费附加。

3. 该企业本期应交房产税3 200元、车船税2 800元、城镇土地使用税3 000元。

要求：根据上述经济业务编制会计分录。

实训七

目的：实训长期借款的核算。

资料：某企业在生产经营期内新建办公楼一座，为建设办公楼借入一笔长期借款。有关资料如下：

1. 2015 年 1 月 1 日借入 3 年期借款 100 万元，存入银行。年利率 8%，每年年初支付利息，到期一次还本。该厂房建设期 2 年，2 年后达到预定可使用状态。

2. 2015 年年末，计提当年长期借款利息。

3. 2016 年 1 月 1 日支付利息。

4. 3 年后，长期借款到期，偿还借款本金和支付最后一期利息。

要求：根据上述经济业务，编制有关会计分录。

实训八

目的：实训企业发行到期一次还本付息的公司债券的核算。

资料：某公司 2016 年 1 月 1 日发行面值为 800 万元的公司债券，年利率为 12%，期限为 3 年，到期一次还本付息。发行时市场利率为 12%，采用面值发行。该公司发行公司债券所筹集的资金全部用于生产经营。该公司每年计提债券利息。3 年后，债券到期，归还本金及利息。

要求：根据上述经济业务，编制下列会计分录：

1. 发行公司债券的会计分录。
2. 每年计提利息的会计分录。
3. 到期还本付息的会计分录。

实训九

目的：实训企业发行分期付息、到期还本的公司债券的核算。

资料：某公司 2016 年 3 月 1 日发行面值为 1 000 万元的公司债券，年利率为 8%，期限为 3 年，每年 8 月 31 日和 2 月 28 日计息，每年 9 月 1 日和 3 月 1 日支付利息。假定发行时市场利率为 8%，公司采用面值发行。该公司发行公司债券所筹集的资金用于厂房建设，该厂房的建设期为一年半。

要求：根据上述经济业务，编制下列会计分录：

1. 2016 年 3 月 1 日发行公司债券的会计分录。
2. 每年 8 月 31 日和 2 月 28 日计提利息的会计分录。
3. 每年 9 月 1 日和 3 月 1 日支付利息的会计分录。
4. 到期还本及支付最后一期利息的会计分录。

实训十

目的：实训借款费用的核算。

资料：某公司 2016 年 1 月 1 日开始动工建造一幢厂房，施工期为 2 年。

1. 公司向银行借入专门借款如下：

（1）2016 年 1 月 1 日借入 2 年期借款 1 000 万元，年利率 8%。

（2）2016 年 7 月 1 日借入 3 年期借款 500 万元，年利率 9%。

2. 资产支出如下：

（1）2016 年 1 月 1 日支出 600 万元。

（2）2016 年 4 月 1 日支出 300 万元。

（3）2016 年 9 月 1 日支出 400 万元。

（4）2017 年 1 月 1 日支出 100 万元。

3. 企业因借款将未动用的资金用于短期投资，月投资收益率为 0.3%。

要求：根据上述经济业务，进行下列会计处理:

1. 计算该公司 2016 年借款利息费用的资本化金额，并编制有关借款费用的会计分录。

2. 计算该公司 2017 年借款利息费用的资本化金额，并编制有关借款费用的会计分录。

实训十一

目的：实训借款费用的核算。

资料：某公司 2016 年 4 月 1 日开始动工建造一幢厂房，施工期为一年半。

1. 公司向银行借入一般借款如下：

（1）2016 年 1 月 1 日借入 2 年期一般借款 800 万元，年利率 8%。

（2）2016 年 7 月 1 日借入 3 年期一般借款 600 万元，年利率 10%。

2. 资产支出如下：

（1）2016 年 1 月 1 日支出 400 万元。

（2）2016 年 4 月 1 日支出 300 万元。

（3）2016 年 9 月 1 日支出 600 万元。

要求：根据上述经济业务，进行下列会计处理:

1. 计算该公司 2016 年一般借款利息的资本化率。

2. 计算该公司 2016 年资产支出累计加权平均数。

3. 计算该公司 2016 年借款利息费用的资本化金额。

4. 编制该公司 2016 年有关借款费用的会计分录。

实训十二

目的：综合实训应付薪酬的核算。

资料：甲上市公司为增值税一般纳税人，适用的增值税税率为 17%。2016 年 8 月发生与职工薪酬有关的交易或事项如下：

1. 对行政管理部门使用的设备进行日常维修，应付企业内部维修人员工资 1.2 万元。

2. 对以经营租赁方式租入的生产线进行改良，应付企业内部改良工程人员工资 3 万元。

3. 为公司总部下属 25 位部门经理每人配备一辆免费使用的汽车，假定每辆汽车每月计提折旧 0.08 万元。

4. 将 50 台自产的 V 型厨房清洁器作为福利分配给本公司的行政管理人员。该厨房清洁器每台生产成本为 1.2 万元，市场售价为 1.5 万元（不含增值税）。

5. 月末，分配职工工资 150 万元，其中直接生产产品人员工资 105 万元，车间管理人员工资 15 万元，企业行政管理人员工资 20 万元，专设销售机构人员工资 10 万元。

6. 以银行存款缴纳职工医疗保险费 5 万元。

7. 按规定计算代扣代缴职工个人所得税 0.8 万元。

8. 以现金支付职工李某生活困难补助 0.1 万元。

9. 从应付张经理的工资中，扣回上月代垫的应由其本人负担的医疗费 0.8 万元。

要求：编制甲上市公司 2016 年 8 月上述交易或事项的会计分录。

（“应交税费”科目要求写出明细科目和专栏名称，答案中的金额单位用万元表示）

实训十三

目的：综合实训长期借款和固定资产的核算。

资料：某企业 2016 年发生的长期借款和仓库建造业务如下：

1. 2016 年 1 月 1 日，为建造一幢仓库从银行取得长期借款 800 万元，期限 3 年，合同年利率 6%（合同利率等于实际利率），不计复利，每年年末计提并支付利息一次，到期一次还本。

2. 2016 年 1 月 1 日，开始建造仓库，当日用该借款购买工程物资 500 万元，全部用于工程建设，同时支付工程款 300 万元。

3. 2016 年 12 月 31 日仓库工程完工并验收合格，达到预定可使用状态。仓库达到预定可使用状态前发生的借款利息全部予以资本化。该仓库预计使用年限为 20 年，预计净残值为 8 万元，采用年限平均法计算折旧。

假定未发生其他建造支出。

要求：

1. 编制取得长期借款的会计分录。

2. 编制 2016 年 12 月 31 日计提长期借款利息的会计分录。

3. 计算仓库完工交付使用时的入账价值并编制相应的会计分录。

4. 计算仓库 2017 年应计提的折旧额并编制相应的会计分录。

5. 编制 2017 年 12 月 31 日计提长期借款利息的会计分录。

（答案中的金额单位用万元表示）

项目十

债务重组的核算

训练目标

1. 了解债务重组的概念。
2. 掌握债务重组的特点，能正确判断哪些属于债务重组的范围。
3. 掌握债务重组有哪些方式以及债务重组日的确定。
4. 熟练掌握在各种债务重组方式下会计处理的一般原则及会计处理方法。

理论练习题

一、单项选择题

1. 下列各项中，应作为债务重组前提的是（　　）。

A. 债务人不愿意还款　　B. 法院判决

C. 债务人与债权人签订了协议　　D. 债务人发生财务困难

2. 下列事项中，不属于债务重组的是（　　）。

A. 减免应收利息　　B. 将债务转为资本

C. 将可转换公司债券转为资本　　D. 减免部分本金

3. 债务人在债务重组时以低于应付债务账面价值的现金清偿的，企业实际支付的金额小于应付债务账面价值的差额，应计入的会计科目是（　　）。

A. 营业外收入　　B. 资本公积　　C. 财务费用　　D. 管理费用

4. 甲公司应收乙公司货款 800 万元。经磋商，双方同意按 600 万元结清该笔货款。甲公司已经为该笔应收账款计提了 100 万元的坏账准备。在债务重组日，该事项对甲公司和乙公司的影响分别为（　　）。

A. 甲公司资本公积减少 200 万元，乙公司资本公积增加 200 万元

B. 甲公司营业外支出增加 100 万元，乙公司资本公积增加 200 万元

C. 甲公司营业外支出增加 200 万元，乙公司营业外收入增加 200 万元

D. 甲公司营业外支出增加 100 万元，乙公司营业外收入增加 200 万元

5. 甲公司因销售货物应收乙公司款项 5 000 万元，并对该款项计提了坏账准备 1 000 万元。现因乙公司暂时性财务困难，进行债务重组。重组协议规定，乙公司当即以银行存款 4 200 万元偿债，其余款项甲公司予以豁免。则甲公司实际收到款项时应做的会计分录为（　　）。

A. 借：银行存款　　4 200
　　　坏账准备　　1 000
　　　贷：应收账款　　5 000
　　　　　资产减值损失　　200

B. 借：银行存款　　4 200
　　　坏账准备　　800
　　　贷：应收账款　　5 000

C. 借：银行存款　　4 200
　　　坏账准备　　1 000
　　　贷：应收账款　　5 000
　　　　　营业外收入　　200

D. 借：银行存款　　4 200
　　　营业外支出　　800
　　　贷：应收账款　　5 000

6. 以非现金资产清偿债务的方式下，债权人收到非现金资产时应以（　　）入账。

A. 非现金资产的原账面价值

B. 应收债权的账面价值加上应支付的相关税费

C. 非现金资产的公允价值

D. 非现金资产的原账面价值加上应支付的相关税费

7. 债务人以固定资产抵偿债务的，借记“应付账款”科目，按用于清偿债务的固定资产的公允价值，贷记“固定资产清理”科目，按应支付的相关税费，贷记“银行存款”等科目，按其差额，贷记的科目是（　　）。

A. 资本公积　　B. 管理费用　　C. 营业外支出　　D. 营业外收入

8. 2016 年 1 月 1 日，深广公司销售一批材料给红星公司，含税价为 105 000 元。2016 年 7 月 1 日，红星公司发生财务困难，无法按合同规定偿还债务，经双方协议，深广公司同意红星公司用产品抵偿该应收账款。该产品市价为 80 000 元，增值税税率为 17%，产品成

本为 70 000 元。红星公司为转让的材料计提了存货跌价准备 500 元，深广公司为债权计提了坏账准备 500 元。假定不考虑其他税费。深广公司接受的存货的入账价值为（　　）元。

A. 91 400　　B. 80 000　　C. 90 900　　D. 70 000

9. 甲公司为增值税一般纳税人，适用的增值税税率为 17%。甲公司与乙公司就其所欠乙公司购货款 450 万元进行债务重组。根据协议，甲公司以其产品抵偿债务；甲公司交付产品后双方的债权债务结清。甲公司已将用于抵债的产品发出，并开出增值税专用发票。甲公司用于抵债产品的账面余额为 300 万元，已计提的存货跌价准备为 30 万元，公允价值（计税价格）为 350 万元。甲公司对该债务重组应确认的债务重组利得为（　　）。

A. 40.5 万元　　B. 100 万元　　C. 12.5 万元　　D. 180 万元

10. 2016 年 1 月 10 日，A 公司销售一批材料给 B 公司，同时收到 B 公司签发并承兑的一张面值为 100 000 元、年利率为 7%、6 个月期限、到期还本付息的票据。7 月 10 日，B 公司发生财务困难，无法承兑票据，经双方协议，A 公司同意 B 公司用一台设备抵偿该应收票据。该设备历史成本为 120 000 元，累计折旧为 30 000 元，评估确认的公允价值为 95 000 元，假定不考虑相关税费。该设备于 7 月 11 日运往 A 公司，则 B 公司应确认的债务重组收益为（　　）元。

A. 5 000　　B. 9 000　　C. 5 500　　D. 8 500

11. 2016 年 1 月 3 日，甲公司因购买材料而欠乙公司购货款及税款合计 2 500 万元。由于甲企业无法偿付应付账款，2016 年 5 月 2 日经双方协商同意，甲公司以普通股偿还债务。假设普通股每股面值为 1 元，股票市价为每股 8 元，甲公司以 300 万股偿该项债务。2016 年 6 月 1 日办理完毕增资手续，乙企业对应收账款提取坏账准备 20 万元。甲公司因债务重组而产生的差额为（　　）。

A. 资本公积——股本溢价 2 100 万元；营业外收入——债务重组利得 100 万元

B. 资本公积——股本溢价 2 200 万元

C. 营业外收入 2 200 万元

D. 资本公积——股本溢价 100 万元；营业外收入——债务重组利得 2 100 万元

12. 甲公司就应收 A 公司账款 250 万元与 A 公司进行债务重组，甲公司同意将应收 A 公司债务 250 万元免除 50 万元，并将剩余债务延期两年偿还，按年利率 5%计息（假定名义利率等于实际利率），利息按年支付，甲公司未对该应收账款计提坏账准备；同时约定，如果 A 公司一年后有盈利，每年按 8%计息。甲公司的债务重组损失是（　　）万元。

A. 30　　B. 24　　C. 50　　D. 18

13. 甲公司销售一批商品给丙公司，开出的增值税专用发票上注明销售价款为 100 万元，增值税为 17 万元，丙公司到期无力支付款项，甲公司同意丙公司将其拥有的一项可供出售金融资产用于抵偿债务，丙公司该“可供出售金融资产——成本”的余额为 80 万元，“可供出售金融资产——公允价值变动”的借方余额为 10 万元，公允价值为 95 万元；甲公司为该项应收账款计提 20 万元坏账准备。则债务重组时丙公司下列本期发生额正确的是（　　）。

A. 营业外收入贷方发生额 22 万元；投资收益贷方发生额 15 万元

B. 营业外收入贷方发生额 22 万元，投资收益贷方发生额 5 万元

C. 营业外收入贷方发生额 37 万元，投资收益贷方发生额 0 万元

D. 营业外收入贷方发生额 12 万元，投资收益贷方发生额 5 万元

14. 在以现金、非现金资产和修改债务条件混合重组方式清偿债务的情况下，以下处理的先后顺序正确的是（　　）。

A. 非现金资产方式、现金方式、修改债务条件

B. 现金方式、非现金资产方式、修改债务条件

C. 修改债务条件、非现金资产方式、现金方式

D. 现金方式、修改债务条件、非现金资产方式

15. 下列各项以非现金资产清偿全部债务的债务重组中，属于债务人债务重组利得的是（　　）。

A. 非现金资产账面价值小于其公允价值的差额

B. 非现金资产账面价值大于其公允价值的差额

C. 非现金资产公允价值小于重组债务账面价值的差额

D. 非现金资产账面价值小于重组债务账面价值的差额

二、多项选择题

1. 有关债务重组的基本特征，表述正确的是（　　）。

A. 债务重组是指在债务人发生财务困难的情况下，债权人按照其与债务人达成的协议或者法院的裁定做出让步的事项

B. “债务人发生财务困难”，是指因债务人出现资金周转困难、经营陷入困境或者其他方面的原因等，导致其无法或者没有能力按原定条件偿还债务的情况

C. “债权人做出让步”，是指债权人同意发生财务困难的债务人现在或者将来以低于重组债务账面价值的金额或者价值偿还债务

D. “债权人做出让步”的情形主要包括：债权人减免债务人部分债务本金或者利息、降低债务人应付债务的利率等

2. 下列各项中，不属于债务重组的是（　　）。

A. 债务人发行的可转换债券按正常条件转换为股权

B. 债务人破产清算时以低于债务账面价值的现金清偿债务

C. 债务人因资金周转困难，以公允价值低于重组债务的非现金资产抵偿债务

D. 债务人借新债还旧债

3. 关于债务重组准则中以现金清偿债务的，下列说法中正确的有（　　）。

A. 债务人应当将重组债务的账面价值与实际支付现金之间的差额，计入当期损益

B. 若债权人未对应收债权计提减值准备，债权人应当将重组债权的账面余额与收到的现金之间的差额，计入当期损益

C. 若债权人已对债权计提减值准备的，应当先将该差额冲减减值准备，减值准备不足以冲减的部分，计入当期损益

D. 若债权人已对债权计提减值准备的，债权人实际收到的款项大于应收债权账面价值的差额，计入当期损益

4. 债务人以非现金资产清偿债务时，影响债权人债务重组损失的项目有（　　）。

A. 债权人计提的坏账准备

B. 债务人计提的该资产的减值准备

C. 可抵扣的增值税进项税额

D. 债权人为取得受让资产而支付的税费

5. 债务人以非现金资产抵偿债务时，用以抵偿债务的非现金资产公允价值（如果是存货还要加上相应的销项税额）与重组应付债务账面价值的差额，不可能计入（　　）。

A. 资本公积　　B. 管理费用

C. 营业外收入　　D. 资产减值损失

6. 债务人以非现金资产清偿债务的，非现金资产转让收益计入的科目可能有（　　）。

A. 主营业务收入　B. 其他业务收入　C. 营业外收入　D. 投资收益

7. 下列关于非现金资产抵债方式下债务重组的论断中，正确的有（　　）。

A. 抵债资产为存货的，应当视同销售处理，按存货的公允价值确认商品销售收入，同时结转商品的销售成本，认定相关的税费

B. 抵债资产为固定资产、无形资产的，其公允价值和账面价值的差额，计入营业外收入或营业外支出

C. 抵债资产为长期股权投资的，其公允价值和账面价值的差额，计入投资收益

D. 以非现金资产清偿债务的，债权人应当对受让的非现金资产按其公允价值入账，重组债权的账面余额与受让的非现金资产的公允价值之间的差额，在符合金融资产终止确认条件时，计入当期损益（营业外支出）

8. 下列关于债务重组中以非现金资产清偿债务的说法中，正确的有（　　）。

A. 债务人在转让非现金资产的过程中发生的一些税费，直接计入转让资产损益

B. 如果债权人不向债务人另行支付增值税，则债务人的债务重组利得应为转让非现金资产的公允价值与重组债务账面价值的差额

C. 债权人应当对受让的非现金资产按其公允价值入账

D. 相关重组债权应当在满足金融资产终止确认条件时予以终止确认

9. 2016 年 3 月 31 日，甲公司应收乙公司的一笔 500 万元的贷款到期，由于乙公司发生财务困难，该笔贷款预计短期内无法收回。该公司已为该项债权计提坏账准备 100 万元。

当日，甲公司就该债权与乙公司进行协商。下列协商方案中，属于甲公司债务重组的有（　　）。

A. 减免100万元债务，其余部分立即以现金偿还

B. 减免50万元债务，其余部分延期两年偿还

C. 以公允价值为500万元的固定资产偿还

D. 以现金100万元和公允价值为400万元的无形资产偿还

10. 下列有关债务重组中的说法，正确的有（　　）。

A. 以现金清偿债务的，支付的现金小于应付债务账面价值的差额，计入资本积

B. 以非现金资产清偿债务的，债务人应当将重组债务的账面价值与转让的非现金资产公允价值之间的差额，计入当期损益

C. 修改其他债务条件的，债务人应当将修改其他债务条件后债务的公允价值作为重组后债务的入账价值。重组债务的账面价值与重组后债务的入账价值之间的差额，计入当期损益

D. 债权人收到存货、固定资产、无形资产、长期股权投资等非现金资产的，应当以其公允价值入账

11. 下列关于债务重组准则中将债务转为资本的说法中，正确的有（　　）。

A. 债务人应当将债权人放弃债权而享有股份的面值总额确认为股本（或者实收资本），股份的公允价值总额与股本（或者实收资本）之间的差额确认为债务重组利得

B. 债务人应当将债权人放弃债权而享有股份的面值总额确认为股本（或者实收资本），股份的公允价值总额与股本（或者实收资本）之间的差额确认为资本公积

C. 重组债务的账面价值与股份的公允价值总额之间的差额，计入当期损益

D. 重组债务的账面价值与股份的面值总额之间的差额，计入当期损益

12. 在延期付款清偿债务并附或有支出条件的情况下，下列说法正确的是（　　）。

A. 修改后的债务条款如涉及或有应付金额，且该或有应付金额符合预计负债确认条件的，债务人应当将该或有应付金额确认为预计负债。重组债务的账面价值，与重组后债务的入账价值和预计负债金额之和的差额，计入当期损益

B. 修改后的债务条款中涉及或有应收金额的，债权人不应当确认或有应收金额，不得将其计入重组后债权的账面价值

C. 或有应付金额在随后会计期间没有发生的，企业应当冲销已确认的预计负债，同时确认营业外收入

D. 债务人应当将修改其他债务条件后债务的公允价值作为重组后债务的入账价值。重组债务的账面价值与重组后债务的入账价值之间的差额，计入当期损益

13. 修改其他债务条件进行债务重组的方式一般有（　　）。

A. 债务转为资本　　B. 减少债务本金

C. 减少债务利息　　D. 延长债务偿还期限并加收利息

14. 对于债权人而言，有关债务重组正确处理的有（　　）。

A. 应将重组债权的账面余额与受让资产的公允价值、所转股份的公允价值或者重组后债权的账面价值之间的差额，确认为债务重组损失计入营业外支出

B. 重组债权已经计提了减值准备的，应当先将上述差额冲减减值准备，以冲减后的余额，作为债务重组损失，计入营业外支出

C. 债权人收到存货、固定资产、无形资产、长期股权投资等抵债资产的，应按其账面价值入账

D. 或有应收金额属于或有资产，由于或有资产不予确认，债权人不应确认或有应收金额

15. 下列各项中，属于债务重组日债务人应计入重组后负债账面价值的有（　　）。

A. 债权人同意减免的债务

B. 债务人在未来期间应付的债务本金

C. 债务人在未来期间应付的债务利息

D. 债务人符合预计负债确认条件的或有应付金额

三、判断题

1. 只要债权人对债务人的债务做出了让步，不管债务人是否发生财务困难，都属于准则所定义的债务重组。（　　）

2. 债务重组，是指在债务人发生财务困难的情况下，债权人按照其与债务人达成的协议或者法院的裁定做出让步的事项，如果债权人未做出让步则不能界定为债务重组。（　　）

3. 债务人破产清算时发生的债务重组、债务人改组、借新债还旧债属于准则所规范的债务重组范围。（　　）

4. 债务重组业务中，债权人可能对债务人做出让步，也可能不做出让步。（　　）

5. 债务人在债务重组时以低于应付债务的账面价值的现金清偿的，债权人实际收到的金额小于应收债权账面价值的差额，计入当期营业外支出。（　　）

6. 重组债权已计提减值准备的，应当先将收到资产的入账价值与重组债权的账面余额之间的差额冲减已计提的减值准备，冲减后仍有损失的，计入营业外支出（债务重组损失）；冲减后减值准备仍有余额的，应予转回并抵减当期资产减值损失。（　　）

7. 债权人在债务重组中收到的非现金资产，应以其公允价值入账。（　　）

8. 债务人以其生产的产品抵偿债务的，应视同销售，要确认相应的收入，同时结转成本。（　　）

9. 如果是以企业持有的股权投资偿还债务的，资产账面价值与公允价值的差额是计入投资收益核算的。(　　)

10. 在债务重组中，债务人以现金、非现金资产两种方式的组合清偿债务的，债务人应先以支付的现金冲减重组债务的账面价值，再按以非现金资产清偿债务的会计原则进行处理。(　　)

11. 采用修改债务条件方式进行债务重组时，债务人应当将修改其他债务条件后债务的公允价值作为重组后债务的入账价值。重组债务的账面价值与重组后债务的入账价值之间的差额，计入当期损益。(　　)

12. 修改后的债务条款如涉及或有应付金额，且该或有应付金额符合《企业会计准则第 13 号——或有事项》中有关预计负债确认条件的，债务人应当将该或有应付金额确认为预计负债。重组债务的账面价值，与重组后债务的入账价值和预计负债金额之和的差额，计入当期损益（营业外收入）。(　　)

13. 在债务重组中，债务人的或有应付金额在随后会计期间没有发生的，应在结算时转入资本公积。(　　)

14. 修改其他债务条件涉及的或有应收金额，在债权人方面，或有应收金额属于或有资产，债权人应确认或有应收金额。(　　)

15. 如果债权人受让涉及多项非现金资产，应在计算确定的入账价值范围内，按非现金资产公允价值的相对比例确定各非现金资产的入账价值。(　　)

业务实训题

实训一

目的：实训以现金清偿债务方式的债务重组的会计核算。

资料：甲公司近因发生财务困难，致使 6 个月前欠乙公司的 90 000 元货款无法按期偿还，后经双方协商，乙公司同意减免甲公司 5 000 元的债务，其余部分即以银行存款支付。而乙公司已对该项应收账款计提了 1 000 元的坏账准备。

要求：根据上述资料，分别做甲公司和乙公司的会计分录。

实训二

目的：实训以非现金资产偿还债务方式的债务重组的会计核算。

资料：甲公司近因发生财务困难，致使 2 个月前欠乙公司的 120 000 元货款无法按期偿还，后经双方协商，乙公司同意甲公司用自产的 B 商品抵偿债务。B 商品成本为 90 000 元，市场售价为 100 000 元，增值税税额为 17 000 元。而乙公司则已对该项应收账款计提了 8 000 元的坏账准备，受让的 B 商品作为材料管理。假设甲公司和乙公司均为增值税一般纳税人。

要求：根据上述资料，分别做甲公司和乙公司的会计分录。

实训三

目的：实训以非现金资产偿还债务方式的债务重组的会计核算。

资料：伟业公司近因发生财务困难，致使 6 个月前欠思维公司的 50 000 元货款无法按期偿还，后经双方协商，思维公司同意伟业公司以其长期持有的 F 公司股票进行清偿。伟业公司长期持有的 F 公司股票的账面余额为 40 000 元。而思维公司则已对该项应收账款计提了 3 000 元的坏账准备。假定伟业公司和思维公司均为此以银行存款支付相关税费 90 元。

要求：根据上述资料，分别做伟业公司和思维公司的会计分录。

实训四

目的：实训将债务转为资本方式的债务重组的会计核算。

资料：甲公司 2016 年 5 月 9 日从乙公司购进一批 W 材料，交付一张面值为 500 000 元、期限为 2 个月的不带息商业承兑汇票。7 月 9 日，甲公司因发生财务困难，无法兑付票据款。2016 年 8 月，经双方协商，乙公司同意甲公司将其欠款转作投资以抵偿债务，债务转为资本后，乙公司所占份额为甲公司注册资本 1 000 万元的 3%，该份额的公允价值为 360 000 元。双方于 2016 年 9 月 9 日办妥有关手续。

要求：根据上述资料，分别做甲公司和乙公司的会计分录。

实训五

目的：实训修改债务条件方式的债务重组的会计核算。

资料：甲公司近因发生财务困难，致使 5 个月前欠乙公司的 40 000 元货款无法按期偿还，后经双方协商，乙公司同意减免甲公司债务 4 000 元，其余欠款的还款期限再延长 2 个月。而乙公司则已对该项应收账款计提了 3 000 元的坏账准备。

要求：根据上述资料，分别做甲公司和乙公司的会计分录。

实训六

目的：实训混合重组方式的债务重组的会计核算。

资料：2015 年 4 月 1 日，东软公司销售一批商品给中德公司，销售货款总额为 300 万元（含增值税）。东软公司于同日收到中德公司开出承兑的一张票面金额为 300 万元、期限为 6 个月、票面年利率为 8%的商业汇票。东软公司与中德公司按月计提该商业汇票的利息。2015 年 10 月 1 日，中德公司未能兑付到期票据，东软公司将应收票据本息余额转入应收账款，但不再计提利息。2015 年 12 月 5 日，双方经协商进行债务重组，签订的债务重组协议内容如下：

1. 中德公司以其持有的一项拥有完全产权的房产以公允价值抵偿部分债务。该房产在中德公司的账面原价为 100 万元，已计提折旧 30 万元，已计提减值准备 5 万元，公允价值为 60 万元。

2. 东软公司同意豁免中德公司债务本金 40 万元及 2015 年 4 月 1 日至 2015 年 9 月 30 日已计提的全部利息。

3. 东软公司将剩余债务的偿还期限延长至 2016 年 12 月 31 日。在债务延长期间，剩余债务余额按年利率 5%收取利息，本息到期一次偿付。

4. 该协议自 2015 年 12 月 31 日起执行。假定债务重组日之前，东软公司对上述债权未计提坏账准备。上述房产的所有权变更、部分债务解除手续及其他有关法律手续已于 2015 年 12 月 31 日完成。东软公司将取得的房产作为固定资产进行核算和管理。中德公司于 2016 年 12 月 31 日按上述协议规定偿付了所欠债务。

要求：根据上述资料，做出东软公司和中德公司的相关账务处理。

项目十一

所有者权益的核算

训练目标

1. 熟悉所有者权益的概念、构成及其相应的经济含义。
2. 理解所有者权益与负债的区别与联系。
3. 理解实收资本、资本公积和盈余公积的关系。
4. 掌握实收资本（股本）的概念、投入资本的会计处理。
5. 掌握实收资本增减变动的会计处理。
6. 掌握资本公积的概念、来源及其会计处理。
7. 掌握留存收益的概念、内容及其会计处理。

理论练习题

一、单项选择题

1. 所有者权益是指企业所有者对企业（　　）的所有权。

A. 全部资产　　B. 全部负债

C. 流动资产减去流动负债　　D. 净资产

2.（　　）是指投资者实际投入企业经营活动的各种财产物资。它是企业所有者权益的主要组成部分。

A. 实收资本　　B. 资本公积

C. 盈余公积　　D. 未分配利润

3. 股本溢价是指股份有限公司发行股票时，发行价（　　）的部分。

A. 超过股票面值 B. 等于股票面值
C. 低于股票面值 D. 超过或低于股票面值

4. 盈余公积是企业从（ ）中提取的公积金。
A. 销售利润 B. 营业利润 C. 利润总额 D. 税后利润

5. 企业按所得税后利润的 10%提取的法定盈余公积金达到注册资本的（ ）时可不再提取。
A. 5% B. 50% C. 30% D. 60%

6. 企业的实收资本一般不能随意变动，但按有关规定，（ ）可以转增资本。
A. 盈余公积 B. 接受捐赠的资产
C. 专项物资 D. 未分配利润

7. 下列会计事项中，会引起企业所有者权益总额变动的是（ ）。
A. 提取盈余公积 B. 用盈余公积弥补亏损
C. 用盈余公积转增资本 D. 用未分配利润分派现金股利

8. 企业用盈余公积转增资本时，保留的盈余公积金余额不得少于注册资本的（ ）。
A. 15% B. 20% C. 25% D. 50%

9. 企业的投资者投入的资本大于注册资本的数额应计入（ ）。
A. 实收资本 B. 资本公积 C. 盈余公积 D. 未分配利润

10. 以募集方式成立的股份有限公司减资时，如果原为溢价发行的，则收购价格高于面值的部分冲减有关所有者权益的顺序为（ ）。
A. 资本公积、未分配利润、盈余公积
B. 资本公积、盈余公积、未分配利润
C. 盈余公积、未分配利润、资本公积
D. 未分配利润、资本公积、盈余公积

11. 甲公司委托证券公司代理发行普通股股票 6 000 万股，每股面值 1 元，按每股 1.2 元的价格发行，受托单位按发行收入的 2%收取手续费并从发行收入中扣除。假如企业股款已经收到，该企业计入“资本公积”科目的金额是（ ）万元。
A. 1 200 B. 0 C. 1 086 D. 1 056

12. 在所有者权益的构成项目中，作为确定各所有者享有企业权益份额依据的是（ ）。
A. 实收资本 B. 资本公积 C. 盈余公积 D. 未分配利润

13. 下列各项中，会导致留存收益总额发生增减变动的是（ ）。
A. 资本公积转增资本 B. 盈余公积补亏
C. 盈余公积转增资本 D. 以当年净利润弥补以前年度亏损

14. 某企业 2016 年 1 月 1 日所有者权益构成情况如下：实收资本 1 500 万元，资本公积 100 万元，盈余公积 300 万元，未分配利润 200 万元，其他综合收益 0。2016 年度实现利润总额为 600 万元，企业所得税税率为 25%。假定不存在纳税调整事项及其他因素，该企业 2016 年 12 月 31 日可供分配利润为（　　）万元。

A. 600　　B. 650　　C. 800　　D. 1 100

15. 某股份有限公司按法定程序报经批准后采用收购本公司股票方式减资，购回股票支付价款低于股票面值总额的，所注销库存股账面余额与冲减股本的差额应计入（　　）。

A. 盈余公积　　B. 营业外收入　　C. 资本公积　　D. 未分配利润

16. 某企业盈余公积年初余额为 50 万元，本年利润总额为 600 万元，所得税费用为 150 万元，按净利润的 10%提取法定盈余公积，并将盈余公积 10 万元转增资本。该企业盈余公积年末余额为（　　）万元。

A. 40　　B. 85　　C. 95　　D. 110

17. 甲股份有限公司委托乙证券公司发行普通股，股票面值总额 4 000 万元，发行总额 16 000 万元，发行费按发行总额的 2%计算（不考虑其他因素），股票发行净收入全部收到。甲股份有限公司该笔业务计入“资本公积”科目的金额为（　　）万元。

A. 4 000　　B. 11 680　　C. 11 760　　D. 12 000

18. 某企业年初所有者权益 160 万元，本年度实现净利润 300 万元，以资本公积转增资本 50 万元，提取盈余公积 30 万元，向投资者分配现金股利 20 万元。假设不考虑其他因素，该企业年末所有者权益为（　　）万元。

A. 360　　B. 410　　C. 440　　D. 460

二、多项选择题

1. 所有者权益与债权人权益相比较，区别在于（　　）。

A. 享受权利不同　　B. 投资对象不同

C. 偿还期限不同　　D. 法律地位不同

2. 所有者权益包括（　　）。

A. 实收资本　　B. 资本公积　　C. 盈余公积

D. 未分配利润　　E. 其他综合收益

3. 企业的留存收益包括（　　）。

A. 资本公积　　B. 法定盈余公积金

C. 任意盈余公积金　　D. 未分配利润

4. 盈余公积的用途有（　　）。

A. 转增资本　　B. 弥补亏损　　C. 发放股利　　D. 偿还贷款

5. 弥补亏损的途径主要有（　　）。

A. 用实收资本弥补　　B. 用盈余公积弥补

C. 用资本公积弥补　　D. 用不超过 5 年的税前利润弥补

6. 下列事项中，会引起所有者权益减少的有（　　）。
A. 发放股票股利　　B. 发放现金股利
C. 减少资本　　D. 以资本公积转增股本

7. 企业发行股票，支付给券商的费用应视情况计入以下科目（　　）。
A. 财务费用　　B. 长期待摊费用
C. 冲减溢价收入　　D. 冲抵盈余公积

8. 下列项目中，属于“利润分配”科目下设置的明细科目有（　　）。
A. 提取法定盈余公积　　B. 应付现金股利
C. 盈余公积补亏　　D. 未分配利润

9. 下列仅影响所有者权益要素结构变动的项目是（　　）。
A. 用盈余公积弥补亏损　　B. 用盈余公积转增资本
C. 分配现金股利　　D. 用资本公积转增资本

10. 股份公司增加股本的途径主要有（　　）。
A. 盈余公积转为股本　　B. 资本公积转为股本
C. 发放股票股利　　D. 债务重组下债务转为股本

11. 下列各项中，年度终了需要转入“利润分配——未分配利润”科目的有（　　）。
A. 本年利润　　B. 利润分配——应付现金股利
C. 利润分配——盈余公积补亏　　D. 利润分配——提取法定盈余公积

12. 下列各项中，不会引起留存收益变动的有（　　）。
A. 盈余公积补亏　　B. 计提法定盈余公积
C. 盈余公积转增资本　　D. 计提任意盈余公积

13. 下列各项中，构成企业留存收益的有（　　）。
A. 资本溢价　　B. 未分配利润　　C. 任意盈余公积　　D. 法定盈余公积

14. 下列各项中，不会引起所有者权益总额发生变动的有（　　）。
A. 宣告发放股票股利　　B. 资本公积转增资本
C. 盈余公积转增资本　　D. 接受投资者追加投资

15. 年度终了，下列账户没有余额的有（　　）。
A. 本年利润　　B. 利润分配——应付现金股利
C. 利润分配——未分配利润　　D. 利润分配——提取法定盈余公积

三、判断题

1. 所有者权益就是投资人对企业净资产的要求权。（　　）
2. 所有者权益比债权人权益具有较大的风险。（　　）

3. 所有者权益对企业剩余资产的要求权，在企业结算时位于债权人之前。(　　)

4. 债权人不能参与企业利润分配。(　　)

5. 企业接受的原材料投资，其增值税税额不能计入投入资本的成本。(　　)

6. 企业用资本公积按规定程序转增资本，虽然增加了企业的注册资本，但不改变所有者权益的总额。(　　)

7. 年终结转后，“利润分配——未分配利润”账户的余额通常在借方，表示尚未分配的利润。(　　)

8. 投资者投入企业的资本应全部计入“实收资本”账户。(　　)

9. 无论是以税前利润还是以税后利润弥补亏损，会计上均无须专门做账务处理。(　　)

10. 库存股就是公司将已经发行出去的股票，从市场中买回，存放于公司，而尚未再出售或注销的股票。(　　)

业务实训题

实训一

目的：实训投入资本的会计核算。

资料：A 公司为增值税一般纳税人，增值税税率为 17%。2016 年 9 月发生如下经济业务：

1. 9 月 5 日，接到银行通知，投资者向该公司投入资本人民币 4 000 000 元到账。

2. 9 月 10 日，该公司收到 M 公司投入的设备一台，投出单位原价为 600 000 元，已提折旧 40 000 元，经评估确认该设备的价值为 550 000 元，增值税税额为 93 500 元。

3. 国家以土地使用权向该公司投资，土地使用权的协议价为 300 000 元。

4. 该公司收到 P 公司投入的设备一台，原价为 1 200 000 元，经评估确认价值为 1 280 000 元，增值税为 217 600 元。

5. 该公司收到 N 公司投入的原材料一批，价值为 200 000 元，增值税专用发票注明的增值税为 34 000 元。

要求：根据上述经济业务，编制有关的会计分录。

实训二

目的：实训股份有限公司发行和收购股票的会计核算。

资料：

1. C 股份有限公司 2016 年 10 月经批准增发普通股 5 000 万股，核定股本 5 000 万元，每股面值1元，现以市价4.50元发行3 000万股，在发行过程中支付发行费用400万元，公司已办妥增资变更手续，认股款已存入银行。

2. 2016年11月，C股份有限公司因经营方针变化，收缩经营规模，经批准通过收购本公司股票减少普通股股本300万股，回购价每股5.20元收回。该公司现“资本公积”账户贷方余额为1 200万元，“盈余公积”账户贷方余额为700万元，“利润分配——未分配利润”账户贷方余额为800万元。

要求：根据以上经济业务，编制有关的会计分录。（答案中的金额单位用万元表示）

实训三

目的：实训资本公积、盈余公积的会计核算。

资料：F公司2016年发生有关公积金的经济业务如下：

1. F公司决定从税后利润中拿出75 000元分给投资者。

2. F公司按照规定办理增资手续后，将资本公积90 000元，转增注册资本。该公司原有注册资本4 500 000元，其中甲、乙、丙三家公司法人资本各占1/3。

3. F公司用盈余公积8 000元弥补以前年度亏损。

4. F公司经批准用盈余公积金转增资本10 000元。

要求：根据上述经济业务编制F公司有关会计分录。

实训四

目的：实训利润分配的会计核算。

资料：H股份公司2016年1月发生以下经济业务：

1. H股份公司董事会决定，从税后利润中提取任意盈余公积金8 000元。

2. H股份公司本年亏损，但为了维护企业信誉，经董事会决定，用盈余公积金向股东发放现金股利，金额10 000元。

3. H股份公司用银行存款支付应付现金股利10 000元。

要求：根据上述经济业务，编制有关的会计分录。

实训五

目的：综合实训所有者权益的会计核算。

资料：甲上市公司2015年至2016年发生与其股票有关的业务如下：

1. 2015年1月4日，经股东大会决议，并报有关部门核准，增发普通股40 000万股，每股面值1元，发行价格5元，股款已全部收到并存入银行。假定不考虑相关税费。

2. 2015年6月20日，经股东大会决议，并报有关部门核准，以资本公积4 000万元转增股本。

3. 2016 年 6 月 20 日，经股东大会决议，并报有关部门核准，以银行存款回购本公司股票 100 万股，回购价格为 3 元。

4. 2016 年 6 月 26 日，经股东大会决议，并报有关部门核准，将回购的本公司股票 100 万股注销。

要求：逐笔编制甲上市公司上述业务的会计分录。

项目十二

所得税的核算

训练目标

1. 认识所得税会计的特点，理解所得税会计的重要性。

2. 熟悉永久性差异和时间性差异，正确识别两种差异。

3. 熟悉所得税核算的应付税款法，正确计算应交所得税和所得税费用。

4. 熟悉所得税核算的纳税影响会计法，正确计算应交所得税、递延所得税和所得税费用。

5. 熟悉资产负债表债务法的基本原理，并将该方法与纳税影响会计法进行比较。

6. 掌握资产和负债的计税基础，正确计算资产和负债的计税基础。

7. 掌握暂时性差异的基本概念，区分应纳税暂时性差异和可抵扣暂时性差异。

8. 比较时间性差异和暂时性差异，加深对暂时性差异的理解和运用。

9. 运用所得税税法，正确计算应交所得税。

10. 运用资产负债表债务法，正确确认递延所得税资产和递延所得税负债，并确定所得税费用。

理论练习题

一、单项选择题

1. 下列项目中，属于时间性差异的是（　　）。

A. 税收罚款和滞纳金　　B. 企业违法经营罚款

C. 企业计提的存货跌价准备　　D. 超标准发放的工资

2. 下列项目中，属于永久性差异的是（　　）。

A. 企业计提的坏账准备

B. 企业计提的固定资产减值准备

C. 支付的税收滞纳金

D. 税法计提的固定资产折旧与会计计提折旧差异

3. 下列各项投资收益中，按税法规定免交所得税，在计算纳税所得时应予以调整的项目有（　　）。

A. 国库券利息收入　　B. 股票转让收益

C. 公司债券利息收入　　D. 出售交易性金融资产收益

4. A 公司 2016 年 12 月 31 日购入价值 100 万元的管理用设备，预计使用年限 5 年，无残值。会计上采用双倍余额递减法计提折旧，税法允许采用直线法计提折旧。公司所得税税率为 25%，2017 年 12 月 31 日，在资产负债表列示的递延所得税资产为（　　）万元。

A. 2.5　　B. 5　　C. 7.5　　D. 10

5. 某企业 2016 年应收账款余额为 200 万元，坏账准备提取率为 10%，年初坏账准备无余额。税法规定，企业提取的坏账准备不得在税前扣除。则应收账款的计税基础为（　　）万元。

A. 200　　B. 180　　C. 190　　D. 210

6. 某企业于 2015 年年末以 300 万元购入一项生产用固定资产，按照该项固定资产的预计使用情况，企业在会计核算时估计其使用寿命为 10 年，计税时按税法规定，其折旧年限为 20 年，假定税法和会计均按年限平均法计提折旧，净残值为零。2016 年该项固定资产的计税基础为（　　）万元。

A. 300　　B. 270　　C. 285　　D. 15

7. 某企业 2016 年度利润总额为 1 800 万元，其中本年度国债利息收入为 200 万元，已计入营业外支出的税收滞纳金为 6 万元；企业所得税税率为 25%。假定不考虑其他因素，该企业 2016 年度所得税费用为（　　）万元。

A. 400　　B. 401.5　　C. 450　　D. 498.5

8. 所得税采用资产负债表债务法核算，其暂时性差异是指（　　）。

A. 资产、负债的账面价值与其公允价值之间的差额

B. 资产、负债的账面价值与计税基础之间的差额

C. 会计利润与税法应纳税所得额之间的差额

D. 仅仅是资产的账面价值与计税基础之间的差额

9. 下列各项负债中，其计税基础为零的是（　　）。

A. 因欠税产生的应交税款滞纳金　　B. 因购入存货形成的应付账款

C. 因确认保修费用形成的预计负债　　D. 为职工计提的应付养老保险金

10. 某股份有限公司所得税税率为 25%，本期存货跌价准备账面余额为 130 万元，本

期销售时结转存货跌价准备 30 万元，计提存货跌价准备 100 万元，期初存货跌价准备余额为 60 万元，该存货除计提准备外无其他与税法的差异，因存货的暂时性差异应确认的资产负债表递延所得税本期期末数和本期发生数分别是（　　）。

A. 递延所得税资产 25 万元，8.25 万元（借方）

B. 递延所得税负债 41.5 万元，15 万元（贷方）

C. 递延所得税资产 32.5 万元，17.5 万元（借方）

D. 递延所得税负债 25 万元，0 万元（贷方）

二、多项选择题

1. 下列各项中，产生应纳税暂时性差异的有（　　）。

A. 根据长期股权投资权益法，投资企业确认的投资收益

B. 税法折旧大于会计折旧形成的差额部分

C. 对于存货，企业按会计准则规定计提存货跌价准备

D. 对于无形资产，企业根据期末可收回金额小于账面价值计提减值准备的部分

2. 由于会计准则或制度与税法在收益、费用或损失的确认和计量原则方面的不同，而导致按照会计制度计算的税前会计利润与按照税法规定计算的应税所得之间的差异，包括（　　）。

A. 时间性差异　　B. 永久性差异

C. 应纳税暂时性差异　　D. 可抵扣暂时性差异

3. 资产或负债的账面价值与其计税基础之间的差额，是指（　　）。

A. 时间性差异　　B. 永久性差异

C. 应纳税暂时性差异　　D. 可抵扣暂时性差异

4. 下列各项中，产生可抵扣暂时性差异的有（　　）。

A. 提取的产品质量保证费用　　B. 提取的存货跌价准备

C. 提取的固定资产减值准备　　D. 交易性金融资产公允价值变动收益

5. 下列各项中，产生暂时性差异的有（　　）。

A. 会计上固定资产的账面价值与其计税基础不一致

B. 确认国库券利息收入时同时确认的资产

C. 计提的存货跌价准备

D. 可计入应纳税所得额的坏账准备

6. 在不考虑其他因素的情况下，企业发生的下列交易或事项中，期末会引起“递延所得税资产”增加的有（　　）。

A. 本期转回计提的存货跌价准备

B. 本期计提无形资产减值准备

C. 企业购入交易性金融资产，会计期末公允价值小于其初始确认金额

D. 实际发生产品售后保修费用，冲减已计提的预计负债

7. 下列项目中，会引起所得税费用增加的有（　　）。

A. 应交所得税　　B. 本期发生的应纳税暂时性差异

C. 本期发生的可抵扣暂时性差异　　D. 本期转回的可抵扣暂时性差异

8. 下列情况下，会产生可抵扣暂时性差异的是（　　）。

A. 资产的账面价值大于计税基础　　B. 资产的账面价值小于计税基础

C. 负债的账面价值大于计税基础　　D. 负债的账面价值小于计税基础

9. 在发生的下列交易或事项中，会产生应纳税暂时性差异的有（　　）。

A. 对于固定资产，会计采用直线法计提折旧，税法规定采用年数总和法计提折旧

B. 企业购入交易性金融资产，期末公允价值小于其初始确认金额

C. 企业购入无形资产，作为使用寿命不确定的无形资产进行核算

D. 采用权益法核算的长期股权投资，因被投资单位实现净利润而调整增加长期股权投资账面价值

10. 所得税费用包括（　　）。

A. 应交所得税　　B. 递延所得税资产

C. 递延所得税负债　　D. 应纳税所得额

三、判断题

1. 永久性差异是指某一会计期间，由于会计准则和税法在计算收益、费用或损失时的口径不同，所产生的税前会计利润与应税所得之间的差异。（　　）

2. 暂时性差异是指税法与会计准则在确认收益、费用或损失时的时间不同而产生税前会计利润与应税所得之间的差异。（　　）

3. 时间性差异是指资产或负债的账面价值与其计税基础之间的差额。（　　）

4. 资产的计税基础，是指某一项资产在未来期间计税时可以税前扣除的金额。（　　）

5. 负债的计税基础，是指负债的账面价值减去未来期间计算应纳税所得额时按照税法规定可予抵扣的金额。（　　）

6. 应纳税暂时性差异在未来期间转回时，会增加转回期间的应纳税所得额和应交所得税金额。（　　）

7. 负债的账面价值小于其计税基础，产生应纳税暂时性差异。（　　）

8. 资产的账面价值小于其计税基础，产生可抵扣暂时性差异。（　　）

9. 利润表中的所得税费用包括当期所得税和递延所得税两个部分。（　　）

10. 确认递延所得税资产时，应估计相关可抵扣暂时性差异的转回时间，采用转回期间适用的所得税税率为基础计算确定。（　　）

业务实训题

实训一

目的：掌握暂时性差异的判断方法及所得税的会计处理。

资料：A 公司适用的所得税税率为 25%，所得税采用资产负债表债务法核算。2016 年发生部分业务如下：

1. 以 1 800 000 元购入一项固定资产，当期会计折旧 180 000 元，税法折旧 300 000 元。
2. 当期购入国库券，确认国库券利息收入 26 000 元。
3. 企业违反当地有关环境保护法规的规定，接到环保部门的处罚通知，要求支付罚款 600 000 元，款尚未支付。
4. 企业发生的开办费 300 000 元，企业于资产负债表日一次列入当期费用。按税法规定，本年只允许扣除 60 000 元。
5. 本年计入成本费用中的广告费 1 400 000 元，按税法规定，只允许扣除 1 200 000 元。

要求：

1. 指出上述交易或事项中，哪些会形成暂时性差异。
2. 若形成暂时性差异，计算确定递延所得税资产或递延所得税负债。
3. 编制相关的会计分录。

实训二

目的：实训资产负债表债务法下的所得税核算。

资料：A 公司于 2016 年年初开始营业，其当年的利润总额为 1 500 000 元。在进行当年所得税申报时，会计人员发现当期发生的交易和事项中，会计与税收之间存在差异的包括以下几项：

1. 计税时按照税法规定不允许扣除的费用 30 000 元，因尚未支付，资产负债表中体现为其他应付款 30 000 元。
2. 按照税法规定应予免税的收入 25 000 元，资产负债表中体现为应收利息 25 000 元。
3. 对固定资产计提减值准备 200 000 元。

假定该企业于未来期间能够产生足够的应纳税所得额，适用的所得税税率为 25%。

要求：

1. 确定哪些事项会形成暂时性差异。
2. 计算 A 公司 2016 年应确定的递延所得税。
3. 计算确定 A 公司 2016 年应纳税所得额、应交所得税和所得税费用。

4. 编制有关所得税的会计分录。

实训三

目的：实训递延所得税负债的确认和计量。

资料：茂源公司于2011年12月购入一台设备并投入使用，该设备成本为210 000元，预计使用年限6年，预计无残值。会计上按年限平均法计提折旧，但企业计税时按年数总和法计提折旧。假定税法规定的该设备的使用年限及净残值均与会计相同；该公司各会计期间均未对固定资产计提减值准备；公司所得税税率一直为25%。

要求：

1. 按下列表格规定，计算填列表中空白项目的数字。

项　目	2011年	2012年	2013年	2014年	2015年	2016年
实际成本						
累计会计折旧						
账面价值						
累计计税折旧						
计税基础						
暂时性差异						
适用税率						
递延所得税负债余额						
递延所得税负债发生额						

2. 编制各年与递延所得税负债有关的会计分录。

实训四

目的：实训资产负债表债务法的运用。

资料：甲公司2016年度利润表中利润总额为800万元，该公司适用的所得税税率为25%，所得税采用资产负债表债务法进行核算。在2016年发生的有关交易或事项中，会计处理与税收处理存在的差别有：

1. 2015年12月取得的一项固定资产，成本为1 000万元，使用年限为10年，净残值为零，会计上采用平均年限法计提折旧，税收按双倍余额递减法计提折旧。假定税法规定的使用年限与净残值与会计规定相同。

2. 本年确认的国库券利息收入40万元。

3. 本年支付税收罚款10万元。

4. 期末对持有的存货计提了50万元的存货跌价准备。

5. 实际发生的“五险一金”比按实际发放的职工薪酬多400万元。

6. 企业发生研究开发支出300万元，其中研究支出200万元，开发支出100万元。企业将开发支出100万元资本化，本年尚未进行摊销。税法规定企业发生未形成资产的研究开发支出可按150%加计扣除。

要求：

1. 确定上述哪些事项会形成暂时性差异。
2. 计算甲公司2016年应确定的递延所得税资产或递延所得税负债。
3. 计算甲公司2016年应纳税所得额及应交所得税。
4. 编制有关所得税的会计分录。

实训五

目的：实训资产负债表债务法的运用。

资料：A公司2016年度实现的利润总额为8 000万元，所得税采用资产负债表债务法核算，适用的所得税税率为25%。A公司2016年度与所得税有关的经济业务如下：

1. A公司2016年发生广告费支出1 000万元，发生时已作为销售费用计入当期损益。A公司2016年实现销售收入5 000万元。税法规定，该类支出不超过当年销售收入15%的部分，准予扣除；超过部分，准予在以后纳税年度结转扣除。

2. A公司对其所销售产品均承诺提供3年的保修服务。A公司因产品保修承诺在2016年度利润表中确认了200万元的销售费用，同时确认为预计负债。2016年没有实际发生产品保修费用支出。税法规定，产品保修费用在实际发生时才允许税前扣除。

3. A公司2016年12月12日购入一项管理用设备，取得成本为400万元，会计上采用年限平均法计提折旧，使用年限为10年，预计净残值为零，企业在计税时采用5年计提折旧，折旧方法及预计净残值与会计相同。

4. A公司2016年购入一项交易性金融资产，取得成本500万元，2016年年末该项交易性金融资产公允价值为650万元。

要求：

1. 计算A公司2016年的应交所得税。
2. 计算A公司2016年的递延所得税资产、递延所得税负债及递延所得税。
3. 计算A公司2016年利润表中确认的所得税费用。
4. 编制与所得税相关的会计分录。

项目十三

收入、费用和利润的核算

训练目标

1. 熟悉收入、费用和利润的概念，正确把握概念的基本含义和特点。
2. 掌握商品销售收入的确认条件，熟练掌握商品销售收入的确认和计量。
3. 掌握提供劳务收入的确认条件，熟练掌握提供劳务收入的确认和计量。
4. 掌握让渡资产使用权收入的确认条件，熟练掌握让渡资产使用权收入的确认和计量。
5. 掌握费用的主要内容，正确进行各项费用的会计处理。
6. 掌握利润的构成，正确确定营业利润、利润总额和净利润。
7. 掌握营业外收入和营业外支出的内容，区别收入和费用与利得和损失。
8. 掌握本年利润的结转方法，正确计算本年利润。
9. 掌握利润分配的程序，运用利润分配会计科目进行会计处理。

理论练习题

一、单项选择题

1. 某企业 2016 年度的利润总额为 1 000 万元，其中本年收到的国库券利息收入 10 万元，赞助性支出 80 万元，玉树地区地震捐款 100 万元，企业所得税税率为 25%。该企业 2016 年所得税费用为（　　）万元。

A. 292.5　　B. 272.5　　C. 262.5　　D. 267.5

2. 企业对外销售商品时，若安装或检验任务是销售合同的重要组成部分，则确认该商品销售收入的时点是（　　）。

A. 发出商品时　　B. 开出销售发票账单时

C. 收到商品销售货款时　　D. 商品安装完毕并检验合格时

3. 按照企业会计制度规定，对于购货方实际享受的现金折扣，销售企业应做的会计处理是（　　）。

A. 冲减当期主营业务收入　　B. 增加当期财务费用

C. 增加当期主营业务成本　　D. 增加当期管理费用

4. 下列各项中，应计入财务费用的是（　　）。

A. 应收票据贴现利息　　B. 按面值发行股票发生的手续费

C. 国库券利息收入　　D. 购买短期持有股票支付的交易费用

5. 企业为购买原材料所发生的银行承兑汇票手续费，应当计入（　　）。

A. 管理费用　　B. 财务费用　　C. 原材料　　D. 材料采购

6. 企业销售部门支付的业务招待费，应计入（　　）。

A. 管理费用　　B. 财务费用　　C. 销售费用　　D. 制造费用

7. 生产车间支付的设备修理费用应计入（　　）。

A. 固定资产　　B. 管理费用　　C. 制造费用　　D. 销售费用

8. 企业专设销售机构的固定资产折旧费应计入（　　）。

A. 管理费用　　B. 销售费用

C. 主营业务成本　　D. 其他业务成本

9. 企业支付的超标准业务招待费应计入（　　）。

A. 营业外支出　　B. 管理费用

C. 主营业务成本　　D. 销售费用

10. 下列各项中，应计入营业外支出的是（　　）。

A. 保管人员过失造成的原材料净损失

B. 建设期间工程物资盘亏净损失

C. 批准处理的库存现金短少损失

D. 经营期间固定资产清理发生的净损失

11. 下列各项中，符合收入会计要素定义，可以确认为收入的是（　　）。

A. 出售无形资产收取的价款　　B. 出售固定资产收取的价款

C. 出售原材料收到的价款　　D. 收到的罚款收入

12. 企业用税前利润弥补亏损时，应（　　）。

A. 借记“本年利润”科目，贷记“利润分配——未分配利润”科目

B. 借记“利润分配——未分配利润”科目，贷记“本年利润”科目

C. 借记“利润分配——未分配利润”科目，贷记“盈余公积”科目

D. 无须专门做会计处理

13. 下列不属于销售商品行为的是（　　）。

A. 企业销售应税消费品　　B. 用本企业生产的产品抵债
C. 企业销售原材料　　D. 企业销售自己的办公大楼

14. 按现行会计制度规定，销售商品采用托收承付方式的，确认收入的时间为(　　)。
A. 发出商品时　　B. 收到货款时
C. 办妥托收手续时　　D. 在合同约定日

15. 企业采用预收账款方式销售商品，确认收入的时点是（　　）。
A. 收到货款时　　B. 按合同约定的日期
C. 发出商品时　　D. 收到支付凭证时

16. 不跨年度劳务收入采用（　　）确认。
A. 完成合同法
B. 完工百分比法
C. 不确认
D. 根据已发生的成本预期能否补偿选择方法

17. 企业对于已经发生但尚未确认销售收入的商品成本，应借记的会计科目是(　　)。
A. 在途物资　　B. 库存商品
C. 主营业务成本　　D. 发出商品

18. 作为收入确认的一种方法，完工百分比法主要适用于（　　）。
A. 商品销售收入的确认　　B. 提供劳务收入的确认
C. 让渡资产使用权收入的确认　　D. 对外投资收益的确认

19. 下列交易或事项中，不应确认为营业外支出的是（　　）。
A. 公益性捐赠支出　　B. 无形资产出售损失
C. 固定资产盘亏损失　　D. 固定资产减值损失

20. 某工业企业本期的营业收入 100 万元，营业成本 50 万元，期间费用 10 万元，投资收益 20 万元，所得税费用 18 万元。假定不考虑其他因素，该企业本期营业利润为(　　)万元。

A. 40　　B. 42　　C. 60　　D. 72

21. 某企业 2015 年 10 月承接一项设备安装劳务，劳务合同总收入为 200 万元，预计合同总成本为 140 万元，合同价款在签订合同时已收取，采用完工百分比法确认劳务收入。2015 年已确认劳务收入 80 万元，截至 2016 年 12 月 31 日，该劳务的累计完工进度为 60%。2016 年该企业应确认的劳务收入为（　　）万元。

A. 36　　B. 40　　C. 72　　D. 120

22. 某企业 2016 年 8 月 1 日赊销一批商品，售价为 120 000 元（不含增值税），适用的增值税税率为 17%，规定的现金折扣条件为 2/10、1/20、*n*/30，计算现金折扣时考虑增值税。客户于 2016 年 8 月 15 日付清货款，该企业收款金额为（　　）元。

A. 118 800　　B. 137 592　　C. 138 996　　D. 140 400

23. 企业采用支付手续费方式委托代销商品，委托方确认商品销售收入的时间是（　　）。

A. 签订代销协议时　　B. 发出商品时
C. 收到代销清单时　　D. 收到代销款时

24. 企业对于已经发出但不符合收入确认条件的商品，其成本应借记的科目是（　　）。

A. 在途物资　　B. 发出商品
C. 库存商品　　D. 主营业务成本

25. 企业取得与收益相关的政府补助，用于补偿已发生相关费用的，直接计入补偿当期的（　　）。

A. 资本公积　　B. 营业外收入
C. 其他业务收入　　D. 主营业务收入

26. 下列各项中，应计入管理费用的是（　　）。

A. 筹建期间的开办费　　B. 预计产品质量保证损失
C. 生产车间管理人员工资　　D. 专设销售机构的固定资产修理费

27. 下列各项中，不应计入销售费用的是（　　）。

A. 已售商品预计保修费用
B. 为推广新产品而发生的广告费用
C. 随同商品出售且单独计价的包装物成本
D. 随同商品出售而不单独计价的包装物成本

28. 下列各项中，应计入其他业务成本的是（　　）。

A. 库存商品的盘亏净损失　　B. 经营租出的固定资产折旧
C. 向灾区捐赠的商品成本　　D. 火灾导致的原材料毁损净损失

29. 某企业某月销售商品发生商业折扣 20 万元、现金折扣 15 万元、销售折让 25 万元。该企业上述业务计入当月财务费用的金额为（　　）万元。

A. 15　　B. 20　　C. 35　　D. 45

二、多项选择题

1. 企业取得的下列款项中，符合“收入”会计要素定义的有（　　）。

A. 出租固定资产收取的租金　　B. 出售固定资产收取的价款
C. 出售原材料收取的价款　　D. 出售自制半成品收取的价款

2. 下列各项中，会导致工业企业当期营业利润减少的有（　　）。

A. 出售无形资产发生的净损失　　B. 计提行政管理部门固定资产折旧
C. 办理银行承兑汇票支付的手续费　　D. 出售短期债券投资发生的净损失

3. 下列各项中，不应计入其他业务成本的有（　　）。

A. 领用的用于出借的新包装物成本
B. 领用的用于出租的新包装物成本
C. 随同材料出售单独计价的包装物成本
D. 随同材料出售不单独计价的包装物成本

4. 下列各科目的余额中，期末应结转到“本年利润”科目的有（　　）。
A. 营业外收入　B. 营业外支出
C. 投资收益　D. 以前年度损益调整

5. 下列各项中，最终会归集到期间费用的有（　　）。
A. 业务招待费　B. 生产车间经营租赁租入设备的租金
C. 企业管理人员的工资　D. 生产工人的劳动保护费

6. 下列各项中，属于企业期间费用的有（　　）。
A. 销售费用　B. 制造费用　C. 管理费用　D. 财务费用

7. 下列各科目中，年末应无余额的有（　　）。
A. 管理费用　B. 所得税费用
C. 资产减值损失　D. 长期待摊费用

8. 下列项目中，属于管理费用开支范围的有（　　）。
A. 城镇土地使用税　B. 职工退职金
C. 待业保险金　D. 劳动保护费

9. 下列计提的各项准备中，应计入资产减值损失的有（　　）。
A. 坏账准备　B. 存货跌价准备
C. 固定资产减值准备　D. 无形资产减值准备

10. 计入销售费用的有（　　）。
A. 广告费　B. 出租包装物的摊销
C. 出借包装物的摊销　D. 随货出售不单独计价的包装物

11. 下列项目中，应计入财务费用的有（　　）。
A. 出售产品而发生的现金折扣　B. 购买产品而取得的现金折扣
C. 应收票据贴现利息　D. 生产经营周转借款发生的利息支出

12. 下列税金中，应计入“税金及附加”科目的有（　　）。
A. 印花税　B. 土地使用税　C. 车船使用税　D. 房产税

13. 下列项目中，应计入期间费用的有（　　）。
A. 生产工人的劳动保险费　B. 固定资产修理费
C. 诉讼费　D. 生产车间照明费

14. 下列各项，应计入营业外收入的有（　　）。
A. 补贴收入　B. 捐赠收入
C. 出售固定资产取得的净收益　D. 罚款收入

15. 下列各项中，属于收入的有（　　）。
A. 转让无形资产所有权收入　　B. 提供劳务收入
C. 销售原材料收入　　D. 出租固定资产收入
16. 构成并影响营业利润的项目有（　　）。
A. 主营业务成本　　B. 投资收益
C. 其他业务成本　　D. 管理费用
17. 下列项目中，通常应确认收入的有（　　）。
A. 预计不可收回货款的材料在发出时　　B. 委托代销材料在材料发出时
C. 订货销售在材料发出时　　D. 预收款销售在材料发出时
18. 下列各项中，属于营业外收入的有（　　）。
A. 固定资产处置净收益　　B. 罚款收入
C. 接受现金捐赠　　D. 无法支付的应付账款
19. 在以完工百分比法确认劳务收入时，必须具备的条件主要包括（　　）。
A. 劳务合同的款项已经收到　　B. 合同总收入和总成本能可靠地计量
C. 劳务的完成程度能够可靠地确定　　D. 与交易相关的经济利益能够流入企业
20. 企业费用的主要内容包括（　　）。
A. 主营业务成本　　B. 营业税金及附加
C. 销售费用　　D. 管理费用
21. 下列各项中，可用于确定所提供劳务完工进度的方法有（　　）。
A. 根据测量的已完工工作量加以确定
B. 按已经发生的成本占估计总成本的比例计算确定
C. 按已经收到的金额占合同总金额的比例计算确定
D. 按已经提供的劳务占应提供劳务总量的比例计算确定
22. 下列各项中，工业企业应确认为其他业务收入的有（　　）。
A. 对外销售材料收入　　B. 出售专利所有权收入
C. 处置营业用房净收益　　D. 转让商标使用权收入
23. 下列各项中，不应确认为营业外收入的有（　　）。
A. 存货盘盈　　B. 固定资产出租收入
C. 固定资产盘盈　　D. 无法查明原因的现金溢余
24. 下列各项中，应计入营业外支出的有（　　）。
A. 无形资产处置损失　　B. 存货自然灾害损失
C. 固定资产清理损失　　D. 长期股权投资处置损失
25. 下列各项中，影响企业营业利润的有（　　）。
A. 处置无形资产净收益　　B. 出租包装物取得的收入
C. 接受公益性捐赠利得　　D. 经营租出固定资产的折旧额

26. 下列各项，影响当期利润表中利润总额的有（　　）。

A. 固定资产盘盈　　B. 确认所得税费用

C. 对外捐赠固定资产　　D. 无形资产出售利得

27. 下列各项中，应计入财务费用的有（　　）。

A. 企业发行股票支付的手续费　　B. 企业支付的银行承兑汇票手续费

C. 企业购买商品时取得的现金折扣　　D. 企业销售商品时发生的现金折扣

28. 下列各项中，不应确认为财务费用的有（　　）。

A. 企业筹建期间的借款费用　　B. 资本化的借款利息支出

C. 销售商品发生的商业折扣　　D. 支付的银行承兑汇票手续费

29. 下列各项中，不应计入管理费用的有（　　）。

A. 总部办公楼折旧　　B. 生产设备改良支出

C. 经营租出专用设备的修理费　　D. 专设销售机构房屋的修理费

30. 企业销售商品缴纳的下列各项税费中，应计入“税金及附加”科目的有（　　）。

A. 消费税　　B. 增值税

C. 教育费附加　　D. 城市维护建设税

三、判断题

1. 企业在销售收入确认之后发生的销售折让，一般应在实际发生时冲减发生当期的收入。（　　）

2. 企业提供劳务时，如资产负债表日不能对交易的结果做出可靠估计，应按已经发生并预计能够补偿的劳务成本确认收入，并按相同金额结转成本。（　　）

3. 工业企业为拓展销售市场所发生的业务招待费，应计入销售费用。（　　）

4. 企业在采用视同买断的代销方式销售商品的情况下，应在发出代销商品时确认收入。（　　）

5. 现金折扣和销售折让，均应在实际发生时计入当期财务费用。（　　）

6. 企业发生收入往往表现为货币资产的流入，但是并非所有货币资产的流入都是企业的收入。（　　）

7. 如劳务的开始和完成分属不同的会计年度，就应按完工百分比法确认收入。（　　）

8. 在分期收款销售方式下，企业应按合同收款日期分期确认收入。（　　）

9. 对于附有销售退回条件的商品销售，如果不能合理确定退货的可能性，应在售出商品的退货期期满时确认收入。（　　）

10. 企业在确定商品销售收入时，不考虑各种可能发生的现金折扣和销售折让。（　　）

11. 收入能够导致企业所有者权益增加，但导致所有者权益增加的不一定都是收入。(　　)

12. 企业转让无形资产所有权取得的净收益属于会计准则中规定的收入。(　　)

13. 企业出售无形资产和出租无形资产取得的收益，均应作为其他业务收入。(　　)

14. 企业在年终结转利润后，“本年利润”科目一定没有余额。(　　)

15. 企业销售商品部分和提供劳务部分属于混合销售的，应当将销售商品部分和提供劳务部分全部作为销售商品处理。(　　)

16. 对于附有销售退回条件的商品销售，如果企业不能合理地确定退货的可能性，则应在售出商品的退货期满时确认收入。(　　)

17. 企业让渡资产使用权，如果合同或协议规定一次性收取使用费，且不提供后续服务的，应当视同销售该资产一次性确认收入。(　　)

18. 企业取得与资产相关的政府补助，应当确认为递延收益，并在该项资产使用寿命内分期计入当期损益。(　　)

19. 企业对于发出的商品，不符合收入确认条件的，应按其实际成本编制会计分录：借记“发出商品”科目，贷记“库存商品”科目。(　　)

20. 企业劳务的开始和完成分属于不同的会计期间，且在资产负债表日提供劳务交易的结果能够可靠估计的，应采用完工百分比法确认劳务收入。(　　)

业务实训题

实训一

目的：实训销售商品收入的核算。

资料：甲公司为增值税一般纳税人，增值税税率为17%。商品的销售价格不含增值税，在确认销售收入时逐笔结转销售成本。假定不考虑其他相关税费。某年6月甲公司发生如下业务：

1. 2日，向乙公司销售A商品1 600件，标价总额为800万元（不含增值税），商品实际成本为480万元。为了促销，甲公司给予乙公司15%的商业折扣并开具了增值税专用发票。甲公司已发出商品，并向银行办理了托收手续。

2. 10日，因部分A商品的规格与合同不符，乙公司退回A商品800件。当日，甲公司按规定向乙公司开具增值税专用发票（红字），销售退回允许扣减当期增值税销项税额，退回商品已验收入库。

3. 15日，甲公司将部分退回的A商品作为福利发放给本公司职工，其中生产工人500件，行政管理人员40件，专设销售机构人员60件，该商品每件市场价格为0.4万元（与计税价格一致），实际成本 0.3 万元。

4. 25 日，甲公司收到丙公司来函。来函提出，该年 5 月 10 日从甲公司所购 B 商品不符合合同规定的质量标准，要求甲公司在价格上给予 10%的销售折让。该商品售价为 600 万元，增值税税额为 102 万元，货款已结清。经甲公司认定，同意给予折让并以银行存款退还折让款，同时开具了增值税专用发票（红字）。

除上述资料外，不考虑其他因素。

要求：

1. 逐笔编制甲公司上述业务的会计分录。

2. 计算甲公司 6 月主营业务收入总额。

（“应交税费”科目要求写出明细科目及专栏名称；答案中的金额单位用万元表示）

实训二

目的：实训商品销售收入的核算。

资料：W 公司为增值税一般纳税人，适用的增值税税率为 17%，商品销售价格均不含增值税，所有劳务均属于工业性劳务。销售成本按发生的经济业务逐项结转。销售商品和提供劳务均为主营业务。某年 8 月 W 公司发生的经济业务及相关资料如下：

1. 5 日，对 B 公司销售商品一批，增值税专用发票上注明的销售价款为 100 万元，商品已发给 B 公司，为及时收回货款，W 公司给予 B 公司的现金折扣为：2/10、1/20、*n*/30（假定计算折扣时不考虑增值税因素）。该批商品的实际成本为 82 万元。8 月 12 日收到 B 公司支付的价款。

2. 8 日，与 C 公司签订协议，委托其代销商品一批。根据代销协议，C 公司按代销商品协议销售款的 5%收取手续费，并直接从代销商品价款中扣除。该批商品的协议价 10 万元，实际成本 8 万元，商品已运往 C 公司。31 日收到 C 公司开出的代销清单，列明已售出商品 40%，同时收到已售出商品的代销款。

3. 10 日，与 D 公司签订协议销售商品一批，增值税专用发票上注明的销售价款为 200 万元，增值税为 34 万元，商品已发出，款项已收到。商品的成本为 120 万元。该协议规定：商品销售价款中的 20%属于售出商品后 4 年内提供修理服务的服务费。

4. 16 日，收到 H 公司退回的 7 月 10 日销售的全部商品，并收到 H 公司交来的税务机关开具的进货退出证明单，并开具了红字增值税专用发票，价款全部退回。

该批商品是 7 月 10 日 W 公司销售给 H 公司的，商品销售价款为 20 万元，销售成本为 16 万元，提供的现金折扣为 2/10、1/20、*n*/30（假定计算折扣时不考虑增值税因素），价款已于 7 月 28 日收到。经查该批商品确实不符合合同的要求，存在质量问题。

5. 16 日，与 F 公司签订一项设备维修合同。该合同规定，设备维修价款为 46.8 万元（含增值税），于维修任务完成并验收合格后一次结清。8 月 31 日尚未完工。本月实际发生维修费 8 万元，其中维修人员工资 3 万元，耗用材料 5 万元。

要求：

1. 编制甲公司 8 月发生的上述经济业务的会计分录。
2. 计算甲公司 8 月的主营业务收入和主营业务成本。

（答案中的金额单位用万元表示）

实训三

目的：实训期间费用的核算。

资料：某企业本月发生下列经济业务：

1. 采购员预借差旅费 1 500 元，以现金支付。
2. 本月应付企业管理人员工资 60 000 元，销售人员工资 50 000 元。
3. 本月业务招待费 2 000 元，以转账支票付讫。
4. 以银行存款支付广告费 8 800 元，增值税 528 元。
5. 摊销本月管理部门使用的无形资产 2 700 元。
6. 计算本月应付管理部门、销售机构本月水电费分别为 1 380 元和 1 400 元。
7. 计提本月固定资产折旧费 6 600 元，其中管理部门 4 600 元，销售机构 2 000 元。
8. 计提本月坏账准备 3 500 元。
9. 以银行存款支付本月固定资产修理费 4 680 元，其中管理部门 3 000 元，销售机构 1 000 元，增值税 680 元。
10. 支付银行承兑汇票的手续费 80 元，增值税 4.80 元。
11. 计提本月短期借款利息 4 800 元。
12. 计提本月职工基本养老保险 8 000 元，其中，生产工人占 40%，销售人员占 25%，管理部门占 35%。
13. 计提长期借款利息 4 600 元，该借款全部用于企业生产经营活动。
14. 将上述的期间费用转入“本年利润”科目。

要求：根据上述经济业务编制会计分录。

实训四

目的：实训劳务收入的核算。

资料：乙公司与客户签订了一项工期为 1 年的劳务供应合同，合同内容如下：

1. 合同签订日为 2016 年 3 月 1 日。
2. 合同总收入为 500 000 元，预计总成本为 280 000 元。
3. 2016 年 3 月 4 日一次性收到客户支付的劳务款 300 000 元。
4. 至 2016 年 12 月 31 日，实际发生成本 210 000 元（假定均以银行存款支付）。

5. 假定乙公司按实际发生的成本占预计总成本的百分比确定劳务完成程度。

要求：

1. 计算 2016 年 12 月 31 日的劳务完成程度。
2. 计算 2016 年度应确认的劳务收入和劳务成本。
3. 分别编制与上述业务有关的会计分录。

实训五

目的：实训收入及利润的核算。

资料：甲公司系工业企业（一般纳税人），适用的增值税税率为 17%，所得税税率为 25%，按资产负债表债务法对所得税进行核算。销售价格均为不含税的价格。按 10%提取法定盈余公积。2016 年年初未分配利润为 80 000 元。2016 年发生下列经济业务：

1. 销售产品的货款 8 000 000 元，其中赊销 1 000 000 元，未收到款项，其余款项收到存入银行。该产品的实际成本为 5 000 000 元。

2. 采用分期收款销售方式销售产品，售价为 500 000 元，实际成本为 300 000 元。价款分五次等额还清，每年支付一次（增值税于收到最后一次价款时收取，同时开具增值税专用发票）。本次应收货款 100 000 元，已收到存入银行。该批商品在现销的情况下价格为 379 080 元，当时的资金市场利率为 10%。

3. 出口免税商品一批，售价折合人民币为 800 000 元，实际成本 500 000 元。款项尚未收到。

4. 转让无形资产的使用权，取得收入 21 200 元（含税）存入银行。转让无形资产的增值税税率为 6%。

5. 计提本期持有至到期投资（一次还本付息债券）利息 30 000 元。

6. 2016 年 12 月 20 日购入一项管理设备，原价 910 000 元，预计净残值 10 000 元，预计使用年限 5 年，按年数总和法计提折旧。计算本年设备折旧费用。

7. 委托丙公司销售产品一批，销售价格 100 000 元，产品成本 70 000 元。甲公司本年收到丙公司开来的代销清单，丙公司已将代销的材料全部售出，价款尚未收到。

8. 收到上半年销售退回的产品，销售收入为 400 000 元，销售成本为 250 000 元，同时冲减应收账款，商品已入库。

9. 以银行存款支付管理费用 560 000 元，支付销售费用 300 000 元，支付其他财务费用 169 988 元。

10. 计算本年各项收益，并结转到“本年利润”账户。

11. 计算本年各项费用、支出，并结转到“本年利润”账户。

12. 计算本年应交所得税，并结转本年损益。（假定企业无其他纳税调整）

13. 年末股东大会决议，按税后利润的 10%提取法定盈余公积，按税后利润的 20%分配现金股利。

14. 结转并计算年末未分配利润。

要求：根据上述经济业务编制会计分录。

实训六

目的：实训收入及利润的核算。

资料：甲公司为增值税一般纳税人，适用的增值税税率为17%，商品、原材料售价中不含增值税。假定销售商品、原材料和提供劳务均符合收入确认条件，其成本在确认收入时逐笔结转，不考虑其他因素。2016 年 4 月，甲公司发生如下交易或事项：

1. 销售商品一批，按商品标价计算的金额为 200 万元，由于是成批销售，甲公司给予客户 10%的商业折扣并开具了增值税专用发票，款项尚未收回。该批商品实际成本为 150 万元。

2. 向本公司行政管理人员发放自产产品作为福利，该批产品的实际成本为 8 万元，市场售价为 10 万元。

3. 向乙公司转让一项软件的使用权，一次性收取使用费 21.23 万元（含税，增值税税率为 6%）并存入银行，且不再提供后续服务。

4. 销售一批原材料，增值税专用发票注明售价 80 万元，款项收到并存入银行。该批材料的实际成本为 59 万元。

5. 将以前会计期间确认的与资产相关的政府补助在本月分配计入当月收益 300 万元。

6. 确认本月设备安装劳务收入。该设备安装劳务合同总收入为 100 万元，预计合同总成本为 70 万元，合同价款在前期签订合同时已收取。采用完工百分比法确认劳务收入。截至本月末，该劳务的累计完工进度为 60%，前期已累计确认劳务收入 50 万元、劳务成本 35 万元。

7. 以银行存款支付管理费用 20 万元、财务费用 10 万元、营业外支出 5 万元。

要求：

1. 逐笔编制甲公司上述交易或事项的会计分录。（“应交税费”科目要写出明细科目及专栏名称）

2. 计算甲公司 4 月的营业收入、营业成本、营业利润、利润总额。

（答案中的金额单位用万元表示）

项目十四

财务会计报告的编制

训练目标

1. 掌握财务报表的概念和组成，熟悉财务报表列报应遵循的基本要求。
2. 明确资产负债表的重要性及资产负债表的内容格式，学会资产负债表的编制。
3. 明确利润表的重要性及利润表的内容格式，学会利润表的编制。
4. 明确现金流量表的重要性及现金流量表的内容格式，学会现金流量表的编制。
5. 明确所有者权益变动表的内容格式，学会所有者权益变动表的编制。
6. 明确会计报表附注的重要性，能正确提供财务报表重要项目的说明。

理论练习题

一、单项选择题

1. 按现行会计制度规定，下列各项中，属于流动资产的是（　　）。

A. 工程物资　　B. 长期待摊费用

C. 交易性金融资产　　D. 开发支出

2. 下列资产负债表项目中，可直接根据有关总账余额填列的是（　　）。

A. 货币资金　　B. 交易性金融资产　　C. 存货　　D. 应收账款

3. “应收账款”所属明细科目若有贷方余额，应反映在资产负债表（　　）项目中。

A. 应收账款　　B. 应付账款　　C. 预收账款　　D. 预付账款

4. 某企业“应付账款”科目月末贷方余额 40 000 元，其中：“应付甲公司账款”明细科目贷方余额 50 000 元，“应付乙公司账款”明细科目借方余额 10 000 元。“预付账款”

明细科目月末借方余额 60 000 元，其中：“预付 A 工厂账款”明细科目借方余额 80 000 元，“预付 B 工厂账款”明细科目贷方余额 20 000 元。该企业月末资产负债表中“应付账款”项目的金额为（　　）元。

A. 40 000　　B. 50 000　　C. 60 000　　D. 70 000

5. A 公司“原材料”科目借方余额 200 万元，“周转材料”科目借方余额 100 万元，“材料采购”科目借方余额 150 万元，“工程物资”科目借方余额 100 万元，“材料成本差异”科目贷方余额 40 万元，“存货跌价准备”科目贷方余额 10 万元。A 公司期末资产负债表中“存货”项目应填列的金额为（　　）万元。

A. 400　　B. 450　　C. 500　　D. 350

6. 某企业 2016 年主营业务收入科目贷方发生额是 2 000 万元，借方发生额为退货 50 万元，发生现金折扣 50 万元，其他业务收入科目贷方发生额为 100 万元，其他业务支出借方发生额为借方 80 万元，那么企业利润表中“营业收入”项目填列的金额为（　　）万元。

A. 2 000　　B. 2 050　　C. 2 100　　D. 2 070

7. 下列各项中，不应在利润表“营业收入”项目列示的是（　　）。

A. 政府补助收入　　B. 设备安装劳务收入

C. 代修品销售收入　　D. 固定资产出租收入

8. 在下列事项中，不影响企业的现金流量的项目是（　　）。

A. 取得短期借款　　B. 支付现金股利

C. 偿还长期借款　　D. 摊销无形资产

9. 在下列各项税金中，应在利润表中的“税金及附加”项目反映的是（　　）。

A. 土地使用税　　B. 城市维护建设税　　C. 印花税　　D. 房产税

10. 下列报表中，能够反映企业某一特定时点的财务状况的报表是（　　）。

A. 资产负债表　　B. 利润表

C. 现金流量表　　D. 所有者权益变动表

11. 某企业“应收票据”科目期末余额 25 万元，并已为其计提 8 万元坏账准备，已贴现的未到期应收票据 12 万元。则该企业资产负债表“应收票据”项目应填列的金额是（　　）万元。

A. 25　　B. 17　　C. 13　　D. 5

12. 某企业当期“主营业务收入”科目贷方发生额为 200 万元，借方记录有销售退回 10 万元、销售折让 5 万元，发生现金折扣 20 万元。则该企业利润表“营业收入”项目应填列的数额是（　　）万元。

A. 200　　B. 190　　C. 185　　D. 215

13. 下列项目中，不影响经营活动现金流量的是（　　）。

A. 当期收回前期核销的坏账损失

B. 收到罚款收入

C. 支付给固定资产建造工程人员的工资

D. 支付给离退休人员的工资

14. 下列各项中，不属于筹资活动产生的现金流量的是（　　）。

A. 收回债券投资所收到的现金　　B. 吸收权益性投资所收到的现金

C. 发行债券所收到的现金　　D. 借入资金所收到的现金

15. 下列各项中，不属于现金流量表中现金及现金等价物的有（　　）。

A. 库存现金　　B. 其他货币资金

C. 股票投资　　D. 随时用于支付的银行存款

二、多项选择题

1. 按现行会计制度规定，一套完整的财务报表应当包括（　　）。

A. 资产负债表　　B. 利润表

C. 现金流量表　　D. 所有者权益变动表

2. 按现行会计制度规定，下列各项中，属于非流动资产的是（　　）。

A. 工程物资　　B. 其他应收款

C. 交易性金融资产　　D. 开发支出

3. 根据现行会计制度的规定，下列项目中，可直接根据有关总账余额直接填列的是（　　）。

A. 应付票据　　B. 交易性金融资产

C. 存货　　D. 应付职工薪酬

4. 下列项目应计入资产负债表中“存货”项的是（　　）。

A. 在途物资　　B. 发出商品

C. 委托加工物资　　D. 周转材料

5. 下列资产负债表项目中需根据明细科目分析填列的是（　　）。

A. 应收账款　　B. 预收账款　　C. 应付账款　　D. 预付账款

6. 资产负债表中“应收账款”项目包括（　　）。

A. “应收账款”科目所属明细科目的借方余额

B. “应收账款”科目所属明细科目的贷方余额

C. “坏账准备”科目的期末余额中属于应收账款计提的部分

D. “预收账款”科目所属明细科目的借方余额

7. 下列项目中，会影响企业利润表中“营业利润”的填列金额的有（　　）。

A. 对外投资取得的投资收益　　B. 出租无形资产取得的租金收入

C. 计提固定资产减值准备　　D. 缴纳所得税

8. 下列资产减值准备相关科目余额中，不在资产负债表上单独列示的有（　　）。

A. 在建工程减值准备　　B. 存货跌价准备

C. 坏账准备　　D. 固定资产减值准备

9. 下列资产负债表各项目中，属于流动负债项目的有（　　）。

A. 应付职工薪酬　　B. 一年内到期的长期负债

C. 应付债券　　D. 应交税费

10. 下列项目中，能同时引起资产和利润减少的项目有（　　）。

A. 计提发行长期债券的利息　　B. 计提固定资产折旧

C. 实际缴纳消费税　　D. 计提坏账准备

11. 下列各项中，属于筹资活动现金流量的有（　　）。

A. 分配股利支付的现金　　B. 清偿应付账款支付的现金

C. 偿还债券利息支付的现金　　D. 清偿长期借款支付的现金

12. 下列各项中，影响企业营业利润的有（　　）。

A. 出售原材料损失　　B. 计提无形资产减值准备

C. 公益性捐赠支出　　D. 出售交易性金融资产损失

13. 下列各项中，应列入利润表“营业成本”项目的有（　　）。

A. 销售材料成本　　B. 无形资产处置净损失

C. 固定资产盘亏净损失　　D. 经营出租固定资产折旧费

14. 下列各项中，应作为现金流量表中经营活动产生的现金流量的有（　　）。

A. 销售商品收到的现金　　B. 取得短期借款收到的现金

C. 采购原材料支付的增值税　　D. 取得长期股权投资支付的手续费

15. 下列各项现金流出，属于企业现金流量表中筹资活动产生的现金流量的有（　　）。

A. 偿还应付账款　　B. 偿还短期借款

C. 发放现金股利　　D. 支付借款利息

三、判断题

1. 资产负债表中，“货币资金”项目，可以根据“库存现金”、“银行存款”、“其他货币资金”三个明细科目的期末余额的合计数填列。（　　）

2. 资产负债表中，“应付职工薪酬”项目要根据“应付职工薪酬”总账科目余额直接填列。（　　）

3. 营业利润的计算以营业收入为基础，减去营业成本、税金及附加、销售费用、管理费用、财务费用、资产减值损失、公允价值变动收益，最后加上投资收益。（　　）

4. 企业支付的所得税、印花税、房产税、耕地占用税等，应作为经营活动产生的现金流量，列入“支付的各项税费”项目。（　　）

5. 财务报表中的资产项目和负债项目的金额、收入项目和费用项目的金额不得相互抵销。(　　)

6. 融资租入固定资产支付的租赁费，在“购建固定资产、无形资产和其他长期资产而支付的现金”中反映。(　　)

7. 资产负债表中，“长期借款”项目，应根据“长期借款”的总账余额直接填列。(　　)

8. 企业购入2个月到期的国债，会减少企业投资活动产生的现金流量。(　　)

9. 企业发行债券所支付的印刷费，应在“吸收投资收到的现金”中扣除。(　　)

10. 资产负债表是时点报表，利润表是时期报表，前者主要反映一个企业的财务状况及偿债能力，后者主要反映企业的获利能力。(　　)

业务实训题

实训一

目的： 实训资产负债表各项目的计算。

资料： ABC公司为增值税一般纳税人，增值税税率为17%，存货采用实际成本核算。2016年11月30日的科目余额表如下表所示：

单位：元

科目名称	借方余额	贷方余额	科目名称	借方余额	贷方余额
库存现金	6 000		固定资产	100 000	
银行存款	100 000		累计折旧		30 000
其他货币资金	34 000		无形资产	18 000	
交易性金融资产	50 000		累计摊销		2 000
应收票据	70 000		持有至到期投资	10 800	
应收账款	28 000		短期借款		200 000
坏账准备		4 200	应付票据		35 000
预付账款		20 000	长期借款		80 000
原材料	12 000		实收资本		120 000
库存商品	80 000		盈余公积		7 000
周转材料	2 200		未分配利润		10 000
存货跌价准备		2 800			
合　计	382 200	27 000	合　计	128 800	484 000

注：(1)“持有至到期投资”为2015年1月4日购买的3年期、每年计息到期一次还本付息的国库券，面值10 000元，票面利率4%，市场利率4%。

(2)“长期借款”科目余额30 000元为一年内到期的非流动负债。

甲公司 12 月发生业务如下：

1. 本月销售商品共计售价 50 000 元，增值税税额 8 500 元，款项尚未收到。商品成本为 42 000 元（不考虑其他税费）。
2. 收回以前年度已核销的坏账 2 000 元。
3. 向承包商预付工程款 13 000 元。
4. 接受其他企业投资的不需要安装的设备一台，该设备评估确认的原价为 32 000 元。
5. 计提本月固定资产折旧 2 500 元，无形资产摊销 1 000 元，均计入管理费用。
6. 用银行存款支付其他管理费用 4 000 元。
7. 用银行存款偿还短期借款 11 000 元。
8. 商业汇票到期，收回价款 50 000 元。
9. 购入材料 30 000 元，增值税 5 100 元，价款以银行存款支付，材料已入库。
10. 年末按应收账款余额的 4‰计提坏账准备。
11. 按实际利率确认持有至到期投资的投资收益。
12. 月末，交易性金融资产公允价值为 56 000 元。

要求：根据上述资料，计算 ABC 公司 12 月 31 日资产负债表中下列项目的金额：

1. 货币资金。
2. 存货。
3. 交易性金融资产。
4. 应收账款。
5. 一年内到期的非流动资产。
6. 固定资产。
7. 无形资产。
8. 应付账款。
9. 应交税费。
10. 短期借款。
11. 长期借款。
12. 持有至到期投资。
13. 一年内到期的非流动负债。
14. 长期借款。
15. 未分配利润。

实训二

目的：实训资产负债表的编制。

资料：甲企业 2016 年 12 月 31 日的有关资料如下。

1. 科目余额表（单位：元）。

科目名称	借方余额	贷方余额
库存现金	10 000	
银行存款	57 000	
应收票据	60 000	
应收账款	80 000	
预付账款		30 000
坏账准备——应收账款		5 000
原材料	70 000	
周转材料	10 000	
发出商品	90 000	
材料成本差异		5 000
存货跌价准备		10 000
库存商品	100 000	
应收股利	1 000	
固定资产	800 000	
累计折旧		340 000
在建工程	40 000	
无形资产	150 000	
累计摊销		20 000
长期待摊费用	10 000	
短期借款		10 000
应付账款		70 000
预收账款		10 000
应付职工薪酬		4 000
应交税费		13 000
应付利息		1 000
长期借款		80 000
实收资本		500 000
盈余公积		180 000
未分配利润		200 000
合计	1 478 000	1 478 000

2. 债权债务明细科目余额。

（1）应收账款明细资料如下：

应收账款——A 公司　　借方余额　　100 000 元

应收账款——B 公司　　贷方余额　　20 000 元

（2）预付账款明细资料如下：

预付账款——C 公司　　借方余额　　20 000 元

预付账款——D 公司　　贷方余额　　50 000 元

（3）应付账款明细资料如下：

应付账款——E 公司　　贷方余额　　100 000 元

应付账款——F 公司　　借方余额　　30 000 元

（4）预收账款明细资料如下：

预收账款——G 公司　　贷方余额　　40 000 元

预收账款——H 公司　　借方余额　　30 000 元

3. 长期待摊费用共 2 笔，金额及期限如下：

（1）经营租入固定资产改良支出 7 000 元，期限从 2015 年 10 月 1 日起 2 年摊销完毕。

（2）其他长期待摊费用 3 000 元，期限从 2016 年 7 月 1 日起 5 年摊销完毕。

4. 长期借款共 2 笔，均为到期一次性还本付息。金额及期限如下：

（1）从工商银行借入 30 000 元，期限从 2014 年 6 月 1 日至 2017 年 6 月 1 日。

（2）从建设银行借入 50 000 元，期限从 2015 年 8 月 1 日至 2018 年 8 月 1 日。

要求：编制甲企业 2016 年 12 月 31 日的资产负债表。

资产负债表（简表）

编制单位：　　　　　年　月　日　　　　　金额单位：元

资　产	年末余额	负债和所有者权益	年末余额
流动资产：		流动负债：	
货币资金		短期借款	
应收票据		应付账款	
应收账款		预收款项	
预付款项		应付职工薪酬	
其他应收款		应交税费	
存货		应付利息	
应收股利		一年内到期的非流动负债	
一年内到期的非流动资产		流动负债合计	
流动资产合计		非流动负债：	

续表

资　　产	年末余额	负债和所有者权益	年末余额
非流动资产：		长期借款	
持有至到期投资		应付债券	
长期股权投资		非流动负债合计	
固定资产		负债合计	
在建工程		所有者权益：	
工程物资		实收资本	
固定资产清理		资本公积	
无形资产		其他综合收益	
长期待摊费用		盈余公积	
非流动资产合计		未分配利润	
		所有者权益合计	
资产总计		负债及所有者权益合计	

实训三

目的：实训利润表的编制。

资料：明珠公司为增值税一般纳税人，适用增值税税率为 17%；适用所得税税率为 25%；不考虑其他相关税费。商品销售价格中均不含增值税；商品销售成本按发生的经济业务逐项结转。除特别指明外，所售资产均未计提减值准备。明珠公司 2016 年 12 月发生的经济业务及相关资料如下：

1. 1 日，向 A 公司销售商品一批，增值税专用发票上注明销售价格为 500 万元，增值税税率为 17%。提货单和增值税专用发票已交 A 公司，款项尚未收取。为及时收回货款，给予 A 公司的现金折扣条件如下：2/10、1/20、*n*/30（假定计算现金折扣时不考虑增值税）。该批商品的实际成本为 350 万元。

2. 5 日，收到 B 公司来函，要求对当年 11 月 10 日所购商品在销售价格上给予 10% 的折让（明珠公司在该批商品售出时，已确认销售收入 100 万元，但款项尚未收取）。经查核，该批商品存在外观质量问题。明珠公司同意了 B 公司提出的折让要求。当日，收到 B 公司交来的税务机关开具的索取折让证明单，并开具红字增值税专用发票。

3. 9 日，收到本月 1 日业务中 A 公司支付的货款，并存入银行。

4. 12 日，与 C 公司签订一项专利技术使用权转让合同。合同规定，C 公司有偿使用明珠公司的该项专利技术，一次性支付使用费 150 万元；明珠公司在合同签订日提供该专利技术资料，不提供后续服务。与该项交易有关的手续已办妥，从 C 公司收取的使用费已存入银行。该无形资产的摊销额为 20 万元。

5. 15 日，与 D 公司签订一项为其安装设备的合同，合同规定，该设备安装期限为 4 个月，合同总价款为 200 万元。合同签订日预收价款 50 万元，至本月 31 日，已实际发生安装费用 20 万元（均为安装人员工资），预计还将发生安装费用 80 万元。远洋公司按实际发生的成本占总成本的比例确定安装劳务的完工程度，假定该合同的结果能够可靠地估计。

6. 22 日，销售材料一批，价款为 60 万元，该材料发出成本为 50 万元。款项已收入银行。

7. 24 日，转让交易性金融资产取得转让收入 120 万元，该“交易性金融资产——成本”为 90 万元，“交易性金融资产——公允价值变动”借方余额 10 万元。

8. 计提存货跌价准备 6 万元，坏账准备 4 万元。税法规定，计提的各项准备不允许在税前扣除。

9. 除上述经济业务外，登记本月发生的其他经济业务形成的有关账户发生额如下表所示（单位：元）。

账户名称	借方发生额	贷方发生额
税金及附加	40 000	
销售费用	60 000	
管理费用	80 000	
财务费用	20 000	
营业外收入		150 000
营业外支出	60 000	

10. 31 日，计算缴纳本月应交所得税。（假定本月除以上事项外无其他纳税调整事项）

要求：

1. 编制明珠公司上述第 1 ~ 8 项和第 10 项经济业务相关的会计分录。（“应交税费”科目要求写出明细科目及专栏名称）

2. 编制明珠公司 2016 年 12 月的利润表。

利润表（简表）

会企 02 表

编制单位：　　　　　　　　　年　　月　　　　　　　　　单位：元

项　目	本期金额
一、营业收入	
减：营业成本	
税金及附加	
销售费用	
管理费用	

续表

项　目	本期金额
财务费用	
资产减值损失	
加：公允价值变动收益（损失以“－”填列）	
投资收益（损失以“－”填列）	
其中：对联营企业和合营企业的投资收益	
二、营业利润（亏损以“－”号填列）	
加：营业外收入	
减：营业外支出	
其中：非流动资产处置损失	
三、利润总额（亏损总额以“－”号填列）	
减：所得税费用	
四、净利润（净亏损以“－”号填列）	

实训四

目的：实训现金流量表的主要项目的计算。

资料：发达公司2016年度有关会计资料如下：

1. 资产负债表和利润表如下表所示。

资产负债表（简表）

编制单位：发达公司　　　　2016年12月31日　　　　单位：元

资　产	期末余额	年初余额	负债及所有者权益	期末余额	年初余额
流动资产：			流动负债：		
货币资金	1 061 810	1 200 000	短期借款	780 000	680 000
以公允价值计量且其变动计入当期损益的金融资产		25 000	应付账款	192 000	192 000
应收账款	530 430	299 100	其他应付款	11 400	11 400
其他应收款	4 000	4 000	应付职工薪酬	20 900	9 700
存货	613 400	580 000	应交税费	24 800	
流动资产合计	2 209 640	2 108 100	一年内到期的长期负债		200 000
非流动资产：			流动负债合计	1 029 100	1 093 100
可供出售金融资产			非流动负债：		
持有到期投资			长期借款	310 000	300 000

续表

资　　产	期末余额	年初余额	负债及所有者权益	期末余额	年初余额
长期股权投资	250 000	250 000	非流动负债合计	310 000	300 000
固定资产	1 138 000	1 080 000	负债合计	1 339 100	1 393 100
在建工程			所有者权益：		
工程物资			实收资本	2 000 000	2 000 000
固定资产清理			资本公积	92 831	62 000
无形资产	42 000	48 000	盈余公积	13 000	13 000
长期待摊费用			未分配利润	204 709	3 000
其他资产	10 000	12 000	所有者权益合计	2 310 540	2 105 000
非流动资产合计	1 440 000	1 390 000			
资产总计	3 649 640	3 498 100	负债及所有者权益总计	3 649 640	3 498 100

利　润　表（简表）

编制单位：发达公司　　　　2016 年度　　　　单位：元

项　　目	行　　次	本期金额	上期金额
一、营业收入	1	600 000	（本栏略）
减：营业成本	4	220 000	
税金及附加	5	10 000	
销售费用	14	20 000	
管理费用	15	72 300	
财务费用	16	16 000	
加：投资收益	19	32 000	
二、营业利润	18	293 700	
加：营业外收入	23		
减：营业外支出	25	1 700	
三、利润总额	27	292 000	
减：所得税费用	28	86 460	
四、净利润	30	205 540	

2. 其他补充资料如下。

（1）利润表有关资料如下。

① 销售费用为企业支付的产品销售费用 20 000 元。

② 管理费用的组成：工资 20 000 元、福利费 2 800 元、折旧费 17 670 元、无形资产摊销 6 000 元、长期待摊费用摊销 2 000 元、其他费用 23 830 元。

③ 财务费用的组成：支付的短期借款利息 6 000 元、应计的长期借款利息费用 10 000 元。

④ 投资收益的组成：收到股息收入 30 000 元，转让短期投资收益 2 000 元。

⑤ 营业外支出的组成：报废车床一台，原价 50 000 元，已计提折旧 48 000 元，支付的清理费用 500 元，收到残值收入 800 元。

（2）资产负债表有关资料如下。

① 坏账准备年初数 900 元，年末数 3 570 元，本年未发生坏账又收回。

② 转让交易性金融资产 25 000 元，收到价款 27 000 元。

③ 存货中含有本年发生的生产成本、制造费用为：工资 60 000 元、福利费 8 400 元、折旧费 25 000 元，无其他费用发生。

④ 用银行存款购买固定资产 100 000 元。

⑤ 应交税费的组成：发生的增值税销项税额 102 000 元、进项税额 27 200 元，支付增值税 50 000 元、所得税 86 460 元、城建税 7 000 元。

⑥ 本期用现金支付教育费附加 3 000 元。

⑦ 本期向银行借入短期借款 300 000 元，偿还短期借款 200 000 元。

要求：根据以上资料计算现金流量表中的下列指标。

序　号	项目名称	金　额
1	销售商品、提供劳务收到的现金	
2	购买商品、提供劳务支付的现金	
3	支付给职工以及为职工支付的现金	
4	支付的各项税费	
5	支付的其他与经营活动有关的现金	
6	收回投资所收到的现金	
7	取得投资收益收到的现金	
8	处置固定资产、无形资产和其他长期资产所收到的现金净额	
9	购建固定资产、无形资产和其他长期资产所支付的现金	
10	取得借款所收到的现金	
11	偿还债务所支付的现金	
12	分配股利、利润和偿付利息所支付的现金	

实训五

目的：实训利润表的编制。

资料：甲公司为增值税一般纳税人，适用的增值税税率为 17%，所得税税率为 25%，年末一次确认全年所得税费用。商品、材料销售均不含增值税，商品、材料销售成本随销售收入的确认逐笔结转，本年利润采用表结法核算。有关资料如下：

1. 2016 年 1—11 月甲公司损益类科目累计发生额如下表所示。

单位：万元

科目名称	借方发生额	贷方发生额	科目名称	借方发生额	贷方发生额
主营业务收入		1 650	销售费用	42	
主营业务成本	1 320		管理费用	38	
其他业务收入		160	财务费用	19	
其他业务成本	85		营业外收入		90
税金及附加	26		营业外支出	78	

2. 2016 年 12 月甲公司发生如下交易或事项。

（1）5 日，向乙公司销售商品一批，开出的增值税专用发票上注明的价款为 60 万元，增值税税额为 10.2 万元，销售商品实际成本为 45 万元。提货单和增值税专用发票已交购货方，并收到购货方开出的商业承兑汇票。

（2）10 日，向丙公司销售 A 材料一批。该批材料的销售价格为 5 万元，增值税税额为 0.85 万元，销售材料实际成本为 4 万元。A 材料已发出，销售款项存入银行。

（3）18 日，结转固定资产净收益 8 万元。

（4）31 日，计提公司管理部门固定资产折旧 5 万元，摊销公司管理部门用无形资产成本 8 万元。

（5）31 日，确认本月应缴城市维护建设税 2 万元、教费附加 1 万元。

（6）31 日，确认本年所得税费用 75 万元。

假定除上述资料外，不考虑其他相关因素。

要求：

1. 根据上述 6 项业务，编制甲公司 2016 年 12 月相应的会计分录。
2. 根据要求 1 中编制的会计分录，编制甲公司 2016 年度利润表。

项目十五

外币折算和核算

训练目标

1. 熟悉记账本位币的概念和记账本位币的确定方法。
2. 熟悉外币核算的一般程序。
3. 掌握外币交易处理中的外币货币性项目的核算和外币非货币性项目的核算。
4. 掌握外币交易的初始确认和期末调整或结算的会计处理。
5. 掌握外币财务报表的折算方法。

理论练习题

一、单项选择题

1. 企业的记账本位币是指（　　）。

A. 企业经营所处的主要经济环境中的货币　　B. 人民币

C. 企业总机构所在地使用的货币　　D. 企业主管部门确定的货币

2. 某企业采用人民币作为记账本位币。下列项目中，不属于该企业外币业务的是（　　）。

A. 与外国企业发生的以人民币计价结算的购货业务

B. 与国内企业发生的以美元计价的销售业务

C. 与外国企业发生的以美元计价结算的购货业务

D. 与中国银行之间发生的美元与人民币的兑换业务

3. 企业记账本位币发生变更的，其比较财务报表应当以（　　）折算所有资产负债表和利润表。

A. 变更当日的即期汇率

B. 变更当期期初的市场汇率

C. 按照系统合理的方法确定的、与交易发生日即期汇率近似的汇率

D. 可比当日的即期汇率

4. 企业在发生外币业务时，不属于外币账户的是（　　）。

A. 短期借款　　B. 实收资本　　C. 应收账款　　D. 应付账款

5. 企业在采用交易发生日的即期汇率作为折算汇率的情况下，将人民币兑换成外币时所产生的汇兑损益，是指（　　）。

A. 账面汇率与当日市场汇率之差所引起的折算差额

B. 账面汇率与当日银行卖出价之差所引起的折算差额

C. 银行买入价与交易发生日的即期汇率之差所引起的折算差额

D. 银行卖出价与交易发生日的即期汇率之差所引起的折算差额

6. 在投资合同已约定有折算汇率的情况下，以人民币作为记账本位币的外商投资企业，在收到外币资本投资时应采用的折算方法是（　　）。

A. 收到的外币资产和实收资本均按合同约定汇率折算

B. 收到的外币资产和实收资本均按交易发生日即期汇率折算

C. 收到的外币资产按合同约定汇率折算，实收资本按交易发生日即期汇率折算

D. 收到的外币资产按交易发生日即期汇率折算，实收资本按合同约定汇率折算

7. 某合资企业收到外商作为实收资本投入的设备一台，协议价为 100 万美元，合同约定汇率为 1∶6.28，收到该设备时的即期汇率为 1 美元＝6.26 元人民币，收到该设备后发生运费 2 万元人民币、安装调试费用 12 万元人民币、进口关税 20 万元人民币。该设备的入账价值为（　　）万元人民币。

A. 662　　B. 626　　C. 628　　D. 660

8. 某企业对外币业务采用发生日的即期汇率进行折算，按月计算汇兑损益。6 月 10 日销售价款为 30 万美元产品一批，货款尚未收到，当日的即期汇率为 1 美元＝7.25 元人民币。6 月 30 日的即期汇率为 1 美元＝7.28 元人民币。7 月 20 日销售价款为 20 万美元产品一批，货款尚未收到，当日的即期汇率为 1 美元＝7.24 元人民币。7 月 31 日的即期汇率为 1 美元＝7.23 元人民币，货款于 8 月 22 日收回。该外币应收账款 7 月发生的汇兑收益为（　　）万元。

A. 1.7　　B. 0.6　　C. −1.7　　D. −0.6

9. 甲公司外币业务采用发生时的即期汇率折算，季度末计提利息和计算汇兑损益，本期 7 月 1 日甲公司从金融机构借入美元 100 万元，期限为 6 个月，年利率 6%，到期还本付息，借入时即期汇率为 1 美元＝8.06 元人民币，9 月 30 日即期汇率为 1 美元＝8.07 元人民币，则甲公司 9 月 30 日该项短期借款的汇兑收益为（　　）万元。

A. 1　　B. −1　　C. −1.03　　D. −1.015

10. 企业对境外经营的财务报表进行折算时，资产负债表中的所有者权益项目除“未分配利润”项目外，其他项目采用（　　）折算。

A. 交易发生日的即期汇率

B. 按照系统合理的方法确定的，与交易发生日即期汇率近似的汇率

C. 资产负债表日的即期汇率

D. 平均汇率

11. 企业在编制合并会计报表时，下列子公司外币会计报表项目中，可以采用与交易发生日即期汇率近似的汇率折算为母公司记账本位币的是（　　）。

A. 资本公积　　B. 盈余公积　　C. 未分配利润　　D. 营业收入

12. 我国会计准则中外币财务报表折算差额在会计报表中应作为（　　）。

A. 在资产负债表中所有者权益项目下单独列示

B. 在长期投资项上列示

C. 管理费用列示

D. 长期负债列示

二、多项选择题

1. 下列说法中正确的是（　　）。

A. 企业记账本位币一经确定，不得随意变更，除非企业经营所处的主要经济环境发生重大变化

B. 企业记账本位币一经确定，不得变更

C. 企业的记账本位币一定是人民币

D. 企业确需变更记账本位币的，应当采用变更当日的即期汇率将所有项目折算为变更后的记账本位币

2. 企业选定记账本位币，应当考虑的因素有（　　）。

A. 该货币主要影响商品和劳务的销售价格，通常以该货币进行商品和劳务的计价和结算

B. 该货币主要影响商品和劳务所需人工、材料和其他费用，通常以该货币进行上述费用的计价和结算

C. 融资活动获得的货币以及保存从经营活动中收取款项所使用的货币

D. 会计人员的素质

3. 企业的境外经营机构选择记账本位币时，应考虑的因素包括（　　）。

A. 境外经营机构对其所从事的活动是否拥有很强的自主性

B. 与企业的交易是否在境外经营活动中占有较大比重

C. 境外经营活动产生的现金流量是否直接影响企业的现金流量

D. 境外经营活动产生的现金流量是否可以随时汇回

4. 企业发生下列核算项目时，应当设置外币账户的有（　　）。

A. 固定资产　　B. 应收账款　　C. 银行存款　　D. 应付账款

5. 企业的下列外币业务中，在业务发生时即可能产生汇兑差额的有（　　）。

A. 外币借贷业务　　B. 企业将外币出售给银行

C. 企业从银行买入外币　　D. 以外币结算的购销业务

6. 下列外币货币性项目在本期均未发生增减变动，在期末市场汇率上升的情况下将其折算为记账本位币，产生汇兑收益的有（　　）。

A. 应收账款　　B. 银行存款

C. 应付账款　　D. 短期借款

7. 企业在资产负债表日，应当按照准则规定对外币货币性项目和外币非货币性项目进行处理，下列说法中正确的有（　　）。

A. 外币货币性项目，采用资产负债表日即期汇率折算

B. 外币货币性项目，因资产负债表日即期汇率与初始确认时或者前一资产负债日即期汇率不同而产生的汇兑差额，计入当期损益

C. 外币货币性项目，因资产负债表日即期汇率与初始确认时或者前一资产负债日即期汇率不同而产生的汇兑差额，计入递延损益

D. 以历史成本计量的外币非货币性项目，仍采用交易发生日的即期汇率折算，不改变其记账本位币金额

8. 关于外币财务报表折算的一般原则，下列说法不正确的有（　　）。

A. 企业境外经营的财务报表必须进行折算

B. 在对企业境外经营财务报表进行折算前，应当调整境外经营的会计期间和会计政策，使之与企业的会计期间和会计政策相一致

C. 资产负债表中的“未分配利润”项目应该采用交易发生日的即期汇率折算

D. 所有者权益变动表中当期计提的盈余公积可以采用当期平均汇率折算

9. 下列各项中，在资产负债表日应按该日即期汇率折算的有（　　）。

A. 以外币购入的存货　　B. 外币债权债务

C. 以外币购入的固定资产　　D. 以外币标价的交易性金融资产

10. 下列项目中，可以作为汇兑损益计入当期损益的有（　　）。

A. 外币资本折算差额　　B. 买卖外汇时发生的折算差额

C. 外币会计报表折算差额　　D. 期末应收账款科目的折算差额

三、判断题

1. 外币交易，是指以外币计价或者结算的交易。外币是指人民币以外的货币。(　　)

2. 即期汇率，通常是指中国人民银行公布的当日人民币外汇牌价。企业发生的外币兑换业务或涉及外币兑换的交易事项，应当按照交易实际采用的汇率（银行买入价或卖出价）折算。(　　)

3. 即期汇率的近似汇率，是指按照系统合理的方法确定的、与交易发生日即期汇率近似的汇率，通常采用当期平均汇率或加权平均汇率等。(　　)

4. 境外经营是指企业在境外的子公司、合营企业、联营企业、分支机构。在境内的子公司、合营企业、联营企业、分支机构，采用不同于企业记账本位币的，不属于境外经营。(　　)

5. 我国企业外币会计报表的折算，是把境外经营的外币会计报表折算为以母公司记账本位币表示的会计报表，它不涉及境内子公司。(　　)

6. 企业因经营所处的主要经济环境发生重大变化，确需变更记账本位币的，应当采用合同约定的汇率将所有项目折算为变更后的记账本位币。(　　)

7. 按照现行企业会计准则规定，企业各外币账户的外币金额采用资产负债表日即期汇率折合为记账本位币的金额，与原账面记账本位币金额之间的差额，均应计入当期损益。(　　)

8. 企业发生收到投入外币资本业务时，在有合同约定汇率的情况下，有关资产和实收资本账户均应按合同约定汇率折合为人民币金额记账。(　　)

9. 在资产负债表日，外币非货币性项目，仍采用交易发生日的即期汇率折算，不改变其记账本位币金额。(　　)

10. 利润表中的收入和费用项目，采用交易发生日的即期汇率折算；也可以采用按照系统合理的方法确定的、与交易发生日即期汇率近似的汇率折算。(　　)

11. 以公允价值计量的外币非货币性项目，采用公允价值确定日的即期汇率折算，折算后的记账本位币金额与原记账本位币金额的差额，计入财务费用。(　　)

12. 对于以历史成本计量的外币非货币性项目，由于已在交易发生日按当日即期汇率折算，资产负债表日不应改变其原记账本位币金额，不产生汇兑差额。(　　)

13. 对于需要计提减值准备的外币应收项目，应先计提减值准备，然后按照资产负债表日的即期汇率折算，因汇率波动而产生的汇兑差额作为财务费用，计入当期损益，同时调增或调减外币货币性项目的记账本位币金额。(　　)

14. 对于交易性金融资产等外币非货币性项目，其公允价值变动计入当期损益的，相应的汇率变动的影响计入资本公积。(　　)

15. 企业折算境外经营的资产负债表时，所有者权益项目中除“未分配利润”项目外，其他项目采用发生时的即期汇率折算。(　　)

业务实训题

实训一

目的：实训外币交易的会计处理。

资料：甲上市公司以人民币为记账本位币，对外币业务采用交易日即期汇率折算。属于增值税一般纳税人。

1. 1月20日，以人民币银行存款偿还去年11月应付账款100万美元，银行当日卖出价为1美元＝6.74元人民币，买入价为1美元＝6.70元人民币，交易发生日的即期汇率为1美元＝6.72元人民币。去年年底，即期汇率为1美元＝6.75元人民币。

2. 2月20日，收到某公司偿还应收账款500万美元，并兑换为人民币。银行当日卖出价为1美元＝6.96元人民币，买入价为1美元＝6.94元人民币，交易发生日的即期汇率为1美元＝6.95元人民币。

3. 10月20日，当日即期汇率是1美元＝6.88元人民币，以0.2万美元每台的价格从美国购入国际最新型号的健身器材 500 台（该健身器材在国内市场尚无供应），并于当日支付了美元存款。按照规定计算应缴纳的进口关税为5万元人民币，支付的进口增值税为8.5万元人民币。

4. 10月25日，以每股6.5港元的价格购入乙公司H股500万股作为交易性金融资产，另支付交易费用10万港元，当日汇率为1港元＝0.95元人民币，款项已用港元支付。

5. 12月31日，健身器材库存尚有100台，国内市场仍无健身器材供应，其在国际市场的价格已降至0.18万美元/台。12月31日的即期汇率是1美元＝6.85元人民币。假定不考虑增值税等相关税费。

6. 12月31日，乙公司H股的市价为每股6港元，当日汇率为1港元＝0.9元人民币。

要求：

1. 编制1月20日以人民币银行存款偿还应付账款的会计分录。
2. 编制2月20日收到应收账款的会计分录。
3. 编制10月20日购入国际健身器材的会计分录。
4. 编制10月25日购入交易性金融资产的会计分录。
5. 编制12月31日对健身器材计提的存货跌价准备。
6. 编制12月31日有关交易性金融资产公允价值变动的会计分录。

实训二

目的：实训外币交易的期末调整或结算的会计处理。

资料：宏达有限责任公司的外币交易采用交易发生时的市场汇率进行折算，并按月计算汇兑损益。2016 年 11 月 30 日，市场汇率为 1 美元 = 6.5 元人民币。有关外币账户的期末余额如下。

金额单位：万元

项　目	外币账户金额（美元）	汇　率	记账本位币金额（人民币）
银行存款	500	6.5	3 250
应收账款	20	6.5	130
应付账款	10	6.5	65
长期借款	80	6.5	520

宏达公司 12 月发生如下外币业务（假设不考虑有关税费）：

1. 2 日，宏达公司以每股 5 美元的价格购入甲公司的股票 100 万股，作为交易性金融资产核算，当日的汇率为 1 美元 = 6.46 元人民币，款项已用美元支付。

2. 10 日，宏达公司对外销售一批商品，售价为 30 万美元，当日的市场汇率为 1 美元 = 6.6 元人民币，款项尚未收到。

3. 16 日，收到国外的投资 500 万美元，合同约定的汇率为 1 美元 = 6.8 元人民币，款项已收到，当日的市场汇率为 1 美元 = 6.53 元人民币。

4. 20 日，宏达公司购入一批原材料，该批原材料的价款为 50 万美元，款项尚未支付，当日的市场汇率为 1 美元 = 6.56 元人民币。

5. 23 日，宏达公司收到前应收货款 20 万美元，款项已存入银行，当日的市场汇率为 1 美元 = 6.55 元人民币。

6. 31 日，计提长期借款利息为 5 万美元，利息尚未支付，该项长期借款是在 2016 年 1 月 1 日借入的，用于建造固定资产，到期一次还本付息，该项固定资产在 2016 年 1 月 1 日已开始建造，2016 年末尚未完工。

7. 31 日，当月购入的甲公司的股票公允价值为每股 4.6 美元，当日的市场汇率为 1 美元 = 6.56 元人民币。

要求：

1. 编制上述业务的相关会计分录。

2. 计算期末汇兑损益并做出相关的账务处理。

（假定不考虑税费的影响）

附录一

《财务会计》模拟试题（资产部分）

一、**名词解释**（每小题 2 分，共 8 分）

1. 历史成本
2. 存货
3. 非货币性资产交换
4. 无形资产

二、**单项选择题**（每小题 1 分，共 14 分。多选、错选、不选，均不得分）

1. 投资企业持有交易性金融资产期间对于被投资单位宣告的现金股利，应（　　）。

   A. 计入投资收益　　B. 冲减应收股利

   C. 不进行账务处理　　D. 冲减交易性金融资产成本

2. 企业会计核算必须符合国家的统一规定，这是为了满足（　　）。

   A. 可理解性要求　B. 重要性要求　C. 可比性要求　D. 客观性要求

3. 商业汇票的付款期由交易双方商定，但最长不能超过（　　）。

   A. 1 个月　B. 2 个月　C. 3 个月　D. 6 个月

4. 某企业“坏账准备”科目的年初余额为 4 000 元，“应收账款”和“其他应收款”科目的年初余额为 30 000 元和 10 000 元。当年，不能收回的应收账款 2 000 元确认为坏账损失。“应收账款”和“其他应收款”科目的年末余额分别为 50 000 元和 20 000 元。假定该企业年末确定的坏账提取比例为 10%，该企业年末应提取的坏账准备为（　　）。

   A. 1 000　B. 3 000　C. 5 000　D. 7 000

5. 某企业为增值税小规模纳税企业。该企业购入甲材料 600 千克，每千克含税单价为 50 元，发生运杂费为 2 000 元，运输途中发生合理损耗 10 千克，入库前发生挑选整理费用 200 元。该批甲材料的入账价值为（　　）元。

A. 30 000　　B. 32 000　　C. 32 200　　D. 32 700

6. 企业发生的原材料盘亏或毁损损失中，不应作为管理费用列支的是（　　）。

A. 自然灾害造成的存货净损失　　B. 管理不善造成的盘亏损失

C. 保管中发生的定额内自然损耗　　D. 收发计量差错造成的盘亏损失

7. 采用权益法核算时，下列各项会引起投资企业长期股权投资账面价值发生增减变化的是（　　）。

A. 被投资企业提取盈余公积　　B. 被投资企业用盈余公积转增资本

C. 被投资企业宣告分派股票股利　　D. 被投资企业宣告分派现金股利

8. 在已确认减值损失的金融资产价值恢复时，下列金融资产的减值损失不得通过损益转回的是（　　）。

A. 持有至到期投资的减值损失

B. 贷款及应收款项的减值损失

C. 可供出售权益工具投资的减值损失

D. 可供出售债务工具投资的减值损失

9. 企业管理用无形资产的摊销，一般应计入（　　）。

A. 管理费用　　B. 财务费用

C. 销售费用　　D. 其他业务成本

10. 企业出售无形资产发生的净损失，应计入（　　）。

A. 营业外支出　　B. 其他业务成本

C. 主营业务成本　　D. 管理费用

11. 导致权责发生制的产生以及预提、摊销等会计处理方法的运用的基本前提是（　　）。

A. 持续经营　　B. 会计主体　　C. 会计分期　　D. 货币计量

12. 下列支出中，应列入费用的是（　　）。

A. 支付的土地出让金　　B. 专利技术的研究费用

C. 购入固定资产支付的运费　　D. 企业支付的特许权使用费

13. 下列各项中，能够引起资产和负债同时发生变化的是（　　）。

A. 摊销无形资产　　B. 赊购原材料

C. 计提长期债券投资利息　　D. 职工出差预借差旅费

14. 企业将款项汇往外地开立采购专户时，应借记的会计科目是（　　）。

A. 材料采购　　B. 在途物资

C. 预付账款　　D. 其他货币资金

三、多项选择题（每小题 2 分，共 10 分。多选、错选、不选，均不得分）

1. 在外购生产用的固定资产的入账价值中，应包括的项目有（　　）。
   A. 增值税　　B. 关税　　C. 运杂费　　D. 消费税
2. 下列各项中，属于会计信息质量要求的谨慎性原则的有（　　）。
   A. 将融资租入固定资产视为自有资产核算
   B. 采用年数总和法计提固定资产折旧
   C. 对固定资产计提减值准备
   D. 在物价上涨时期，对发出存货采用先进先出法
3. 下列可以用现金结算的有（　　）。
   A. 支付离退休人员工资　　B. 企业职工出差预借差旅费
   C. 购买办公用品　　D. 向农民购买农副产品
4. 下列各项中，应计入销售费用的有（　　）。
   A. 随同产品出售单独计价的包装物成本
   B. 分期摊销的出租包装物成本
   C. 随同产品出售不单独计价的包装物成本
   D. 分期摊销的出借包装物成本
5. 下列各项，应通过“固定资产清理”科目核算的有（　　）。
   A. 固定资产的报废　　B. 固定资产的出售
   C. 固定资产的盘亏　　D. 固定资产的毁损

四、判断题（每小题 1 分，共 10 分）

1. 在依法申请取得专利权时，应将已计入损益的研究与开发费用予以转回，并计入专利权的入账价值。（　　）

2. 银行存款余额调节表是调整企业银行存款账面余额的原始凭证。（　　）

3. 坏账已确认并转销的坏账损失，以后又收回的，应借记“银行存款”科目，贷记“坏账准备”科目。（　　）

4. 企业将商业汇票贴现时，贴现所得金额小于票据面值的差额，应作为财务费用。（　　）

5. 以前会计期间已计提的存货跌价准备的某项存货，当其可变现净值恢复到等于或大于成本时，应该将该项存货的跌价准备的账面已提数全部冲回。（　　）

6. 会计核算以人民币为记账本位币，业务收支以外币为主的企业，也可选择某种外币作为记账本位币，但编报的财务会计报表应当折算为人民币反映。（　　）

7. 企业出租无形资产取得的收入应在“其他业务收入”账户核算。（　　）

8. 某一会计事项是否具有重要性，很大程度上取决于会计人员的职业判断。（　　）

9. 会计主体规定了会计核算内容的时间范围。（　　）

10. 按照历史成本计量属性，企业一般不得变动资产取得时所记录的价值。（　　）

五、计算题（本题 10 分）

A 公司从 2013 年起开始采用应收账款余额百分比法计提坏账准备，计提的比例为 1%。现发生相关经济业务如下：

（1）2013 年年末“应收账款”余额为 300 000 元。

（2）2014 年发生坏账损失 1 000 元，年末“应收账款”余额为 360 000 元。

（3）2015 年收回 2014 年已确认的坏账 800 元，年末“应收账款”余额为 340 000 元。

（4）2016 年发生坏账损失 1 500 元，年末“应收账款”余额为 320 000 元。

要求：

（1）计算 2013 年应提取的坏账准备。

（2）计算 2014 年应提取的坏账准备。

（3）计算 2015 年应提取的坏账准备。

（4）计算 2016 年应提取的坏账准备。

六、业务处理题（每小题 3 分，共 30 分。要求：逐题编制会计分录，会计分录必须写出明细科目）

1. 填制“信汇凭证”一张，委托开户银行汇往外地某单位，归还欠款 4 000 元。

2. 甲公司因资金需要，将面值为 300 000 元的商业汇票到银行进行贴现，贴现息 2 600 元，贴现净收入存入银行。

3. 销售产品一批，价款 30 000 元，增值税 5 100 元，商品发出，当日办妥货款托收手续。

4. 毁损丙材料 40 千克，实际单位成本 30 元，转出增值税 204 元。经查属于材料保管人员的过失，按规定应由个人赔偿 700 元，残料价值 200 元验收入库，其余列为费用。

5. 因一客户破产，导致应收账款 2 500 元不能收回，经批准确认为坏账。

6. 从本市购入甲材料 30 吨，每吨 1 000 元，公司开出转账支票支付货款及增值税税款（税率为 17%），同时以现金支付运费 300 元、增值税 33 元，材料已验收入库（材料按实际成本核算）。

7. 甲企业 2016 年 4 月 1 日以银行存款 168 000 元买入 B 公司于 2016 年 1 月 1 日发行的 3 年期债券作为交易性金融资产，其中，已到付息期但尚未领取的债券利息 8 000 元。

8. 购入一条生产线，价值 800 000 元。增值税 136 000 元，途中运费 4 000 元、增值税 440 元。价款签发商业汇票支付。设备交付生产车间安装。

9. 以银行存款支付设备安装费 3 000 元、增值税 330 元、安装工人工资 1 000 元。

10. 结转本月随同产品出售但不单独计价的包装物成本 6 000 元。

七、综合题（本题 18 分）

京华公司为增值税一般纳税人，采用实际成本进行存货的日常核算。增值税基本税率为 17%，运输业增值税税率为 11%。2016 年 8 月 1 日有关账户的期初余额如下：

在途物资——甲材料 4 000 元

原材料——甲材料（月初结存 5 730 千克，单价 100 元）573 000 元

2016 年 8 月发生如下经济业务事项：

（1）3 日，上月已付款的甲材料 40 千克，每千克 100 元全部收到，并验收入库。

（2）8 日，从 A 企业购入甲材料 500 千克，单价 100 元，增值税专用发票上注明增值税 8 500 元，另外 A 企业还代垫运费 1 300 元、增值税 143 元。全部货款已用银行存款支付，材料已验收入库。

（3）13 日，持银行汇票 200 000 元从 C 企业购入甲材料 1 600 千克，单价为 102 元，增值税专用发票上注明增值税 27 744 元，对方代垫运费 2 150 元、增值税 263.5 元，材料尚未到达。

（4）15 日，收到从 C 企业购入的材料，并已验收入库。

（5）17 日，收回银行汇票多余票款，存入银行。

（6）22 日，收到 D 企业发来的甲材料 80 千克，并已验收入库。该批材料货款 9 300 元，增值税 1 581 元。为购买该批材料，企业已于上月预付货款 6 000 元，收到材料后企业用银行存款补付余款。

（7）30 日，根据“发料凭证汇总表”，本月领用甲材料汇总情况如下：基本生产车间为产品生产领用 5 000 千克，车间一般耗用 300 千克，管理部门领用 100 千克。

要求：

（1）编制（1）～（6）题的会计分录。

（2）计算甲材料的加权平均单价。

（3）计算发出材料的实际成本，并编制第（7）题的会计分录。

附录二

《财务会计》模拟试题（非资产部分）

一、**名词解释**（每小题 2 分，共 8 分）

1. 留存收益
2. 利润表
3. 暂时性差异
4. 借款费用

二、**单项选择题**（每小题 1 分，共 15 分）

1. 企业出租无形资产发生的摊销费用应计入（　　）。

   A. 制造费用　　B. 销售费用
   C. 管理费用　　D. 其他业务成本

2. 下列项目中，不通过“应付职工薪酬”科目进行核算的是（　　）。

   A. 生产工人工资　　B. 支付的奖金
   C. 职工科技发明奖　　D. 住房公积金

3. 下列项目中，不通过“应交税费”科目进行核算的是（　　）。

   A. 印花税　　B. 房产税
   C. 车船税　　D. 城镇土地使用税

4. 企业接受现金捐赠时，应借记“银行存款”科目，贷记（　　）科目。

   A. 资本公积　　B. 营业外收入　　C. 主营业务收入　　D. 递延收益

5. 下列项目中，影响所有者权益总额增减变动的业务是（　　）。

   A. 资本公积转增资本　　B. 盈余公积转增资本

C. 盈余公积弥补亏损　　D. 宣告分派现金股利

6. 下列项目中，不属于会计定义中的“收入”范围的是（　　）。

A. 出售无形资产净收入　　B. 股权投资收益

C. 出租固定资产收入　　D. 提供劳务收入

7. 按福利部门人员工资计提的基本养老保险费应借记（　　）。

A. 应付职工薪酬　　B. 管理费用

C. 其他应付款　　D. 制造费用

8. 在资产负债表债务法下，为核算企业由于暂时性差异造成的可抵扣暂时性差异对所得税的影响，应借记（　　）科目。

A. 所得税费用　　B. 递延所得税资产

C. 递延所得税负债　　D. 应交税费——应交所得税

9. 企业销售应税产品，按规定应缴纳的消费税，借记（　　）账户，贷记“应交税费——应交消费税”账户。

A. 税金及附加　　B. 生产成本

C. 管理费用　　D. 其他业务成本

10. 下列项目中，应计入营业外支出的是（　　）。

A. 存货跌价损失　　B. 交易性金融资产跌价损失

C. 出售固定资产净损失　　D. 坏账损失

11. 资产负债表中“应收账款”项目不包括（　　）。

A. “应收账款”科目所属明细科目的借方余额

B. “应收账款”科目所属明细科目的贷方余额

C. “坏账准备”科目的期末余额

D. “预收账款”科目所属明细科目的借方余额

12. 采用委托代销方式销售产品，委托方确认商品销售收入的时点是（　　）。

A. 发出商品时　　B. 开出销售发票账单时

C. 收到商品销售货款时　　D. 收到代销清单时

13. 企业下列现金流入中，属于经营活动产生的现金流入的是（　　）。

A. 处置固定资产的现金流入　　B. 出租固定资产的租金流入

C. 接受现金捐赠　　D. 出售无形资产的现金流入

14. 企业当月缴纳当月增值税，应通过（　　）科目核算。

A. 应交税费——应交增值税（已交税金）

B. 应交税费——未交增值税

C. 应交税费——应交增值税（转出未交增值税）

D. 应交税费——应交增值税（转出多交增值税）

15. 下列报表中，（　　）能够反映企业某一特定时点的财务状况。

A. 资产负债表　　B. 利润表

C. 现金流量表　　D. 所有者权益变动表

三、多项选择题（每小题 2 分，共 10 分）

1. 企业按规定应付的借款费用，可能计入的会计科目有（　　）。

A. 研发支出　　B. 制造费用　　C. 财务费用　　D. 在建工程

2. 下列各账户余额中，包括在资产负债表“存货”项目中的有（　　）。

A. 委托加工物资　　B. 生产成本

C. 工程物资　　D. 材料成本差异

3. 按企业会计制度规定，下列各项中，应列入管理费用核算的有（　　）。

A. 计提坏账准备　　B. 盘盈的材料

C. 筹建期间人员工资　　D. 排污费

4. 下列各项中，产生可抵扣暂时性差异的有（　　）。

A. 提取的产品质量保证费用　　B. 提取的存货跌价准备

C. 提取的固定资产减值准备　　D. 交易性金融资产公允价值变动收益

5. 根据现行会计制度的规定，下列项目中，可直接根据有关总账余额直接填列的是（　　）。

A. 应付票据　　B. 交易性金融资产

C. 存货　　D. 应付职工薪酬

四、判断题（每小题 1 分，共 10 分）

1. 企业对于确实无法支付的应付账款经批准后应计入资本公积。（　　）

2. 企业会计准则规定，企业缴纳的各项税金都通过“应交税费”科目核算。（　　）

3. “长期借款”科目的期末余额，反映企业尚未支付的各种长期借款的本金和利息。（　　）

4. 按税法规定，超过标准的业务招待费应计入管理费用。（　　）

5. 无论是以税前利润还是以税后利润弥补亏损，会计上均无须做专门的账务处理。（　　）

6. 企业用盈余公积弥补亏损，使所有者权益总额不变，但所有者权益内部各项目之间发生结构变动。（　　）

7. 收入能够导致企业所有者权益增加，但导致所有者权益增加的不一定都是收入。（　　）

8. 企业进行年度转账后，“利润分配”账户应无余额。（　　）

9. 企业发生的应收票据贴现的利息支出业务，属于经营活动现金流量。（　　）

10. 现金流量表是反映企业在某一特定日期财务状况的会计报表。(　　)

五、计算题（本题10分）

某公司2016年1月1日开始动工建造一幢厂房，施工期2年。公司于2015年11月1日向银行专门借入2年期借款1 000万元，年利率8%。工程于2016年1月1日开工，资产支出情况为：2016年1月1日支出400万元；2016年7月1日支出300万元；2017年1月1日支出300万元。企业因借款将未动用的资金用于短期投资，月投资收益率为0.3%。

要求：根据上述经济业务，进行下列会计处理。

（1）计算该公司2016年借款利息总额。

（2）计算该公司2016年投资收益总额。

（3）计算该公司2016年借款利息费用的资本化金额。

六、业务处理题（每小题3分，共30分。要求：逐题编制会计分录，会计分录必须写出明细科目）

1. 接受外商投入大型设备，折合人民币500 000元，占被投资企业40%的股权。投资当日，被投资企业所有者权益总额为100万元。

2. 将无法支付的D公司的应付账款40 000元予以核销。

3. 经批准用盈余公积转增资本800 000元。

4. 本月应付职工薪酬为134 000元，其中生产工人工资40 000元，车间管理人员工资12 000元，企业管理人员工资35 000元，销售人员工资47 000元。

5. 销售产品一批，价值40 000元，增值税6 800元，价款和税款已经存入银行。

6. 计算本月应交所得税33 000元，递延所得税资产借方6 600元。

7. 2016年实现净利润60 000元，按规定计提法定盈余公积6 000元，宣告分配现金股利30 000元。

8. 向银行借入3年期借款1 000 000元，已存入银行。

9. 以银行存款支付业务招待费38 000元。

10. 计算本月应付长期借款利息10 000元。

七、综合题（本题17分）

W公司2016年12月末有关损益类账户的发生额如下：

金额单位：元

账户名称	借　方	贷　方
主营业务收入		8 740 000
主营业务成本	6 520 000	

续表

账户名称	借　方	贷　方
税金及附加	46 000	
销售费用	534 000	
管理费用	391 000	
财务费用		18 000
其他业务收入		1 200 000
其他业务成本	880 000	
投资收益		24 000
营业外收入		15 000
营业外支出	21 000	

上述业务中，包括以下业务：

（1）投资收益中含有国库券利息收入 4 000 元。

（2）营业外支出中含有税收罚款支出 3 000 元。

除以上业务外，企业无其他纳税调整项目。企业所得税税率为 25%，采用资产负债表债务法进行所得税核算。

要求：

（1）结转损益类账户的发生额到“本年利润”账户。

（2）计算企业应交所得税和净利润。

（3）编制应交所得税和结转所得税的会计分录。

（4）编制 2016 年度的利润表。

利润表（简表）

会企 02 表

编制单位：　　　　　　年　　月　　　　　　单位：元

项　目	本期金额
一、营业收入	
减：营业成本	
税金及附加	
销售费用	
管理费用	
财务费用	
资产减值损失	
加：公允价值变动收益（损失以“－”填列）	

续表

项　目	本期金额
投资收益（损失以“－”填列）	
其中：对联营企业和合营企业的投资收益	
二、营业利润（亏损以“－”号填列）	
加：营业外收入	
减：营业外支出	
其中：非流动资产处置损失	
三、利润总额（亏损总额以“－”号填列）	
减：所得税费用	
四、净利润（净亏损以“－”号填列）	

附录三

《财务会计》模拟试题一

一、**单项选择题**（每小题1分，共15分。多选、错选、不选，均不得分。请将正确的答案填写在下列表中）

1	2	3	4	5	6	7	8	9	10	11	12	13	14	15

1. 在下列资产负债表项目中，可以根据有关总账科目直接填列的是（　　）。
   A. 存货　　B. 应付职工薪酬　　C. 应付账款　　D. 预收款项
2. 取得交易性金融资产发生的交易费用应列入（　　）科目。
   A. 投资收益　　B. 交易性金融资产
   C. 财务费用　　D. 管理费用
3. 下列项目中，符合资产定义的是（　　）。
   A. 购入的某项专利权　　B. 经营租入的设备
   C. 待处理的财产损失　　D. 专利技术的研究费用
4. 按会计准则规定，下列资产中，不应提折旧的是（　　）。
   A. 经营租出的固定资产　　B. 融资租入的固定资产
   C. 不需用的固定资产　　D. 已提足折旧仍继续使用的固定资产
5. 下列各项中，能够引起资产和负债同时发生变化的是（　　）。
   A. 计提固定资产折旧　　B. 赊购原材料
   C. 计提长期借款利息　　D. 接受固定资产投资
6. 下列税金中，不影响利润表有关项目的是（　　）。
   A. 增值税　　B. 消费税　　C. 房产税　　D. 印花税
7. 下列项目中，属于长期股权投资后续计量方法的是（　　）。
   A. 工作量法　　B. 实际利率法

C. 成本法　　D. 完工百分比法

8. 在发出存货的计价方法中，不利于存货日常管理的计价方法的是（　　）。

A. 先进先出法　　B. 移动加权平均法

C. 月末一次加权平均法　　D. 个别计价法

9. 无法支付的应付账款，经批准后列入（　　）科目。

A. 资本公积　　B. 营业外收入　　C. 其他业务收入　　D. 坏账准备

10. 下列项目中，影响所有者权益总额增减变动的业务是（　　）。

A. 资本公积转增资本　　B. 注销回购的库存股

C. 盈余公积弥补亏损　　D. 接受存货投资

11. 下列项目中，不属于会计定义中的收入范围的是（　　）。

A. 出售固定资产净收入　　B. 股权投资收益

C. 出租无形资产收入　　D. 提供劳务收入

12. 对期末存货采用成本与可变现净值孰低法计价，其所体现的会计信息质量要求是（　　）。

A. 及时性　　B. 实质重于形式　　C. 谨慎性　　D. 可比性

13. 企业将生产的产品发放给职工，按规定应缴纳的增值税应借记（　　）账户。

A. 营业税金及附加　　B. 主营业务成本

C. 应付职工薪酬　　D. 其他业务成本

14. 下列项目中，属于筹资活动产生的现金流入的是（　　）。

A. 处置固定资产的现金流入　　B. 出租固定资产的租金流入

C. 接受现金捐赠　　D. 收到的现金股利

15. 如果企业资产按照现在购买相同或者相似资产所需支付的现金或者现金等价物的金额计量，负债按照现在偿付该项债务所需支付的现金或者现金等价物的金额计量，则其所采用的会计计量属性为（　　）。

A. 可变现净值　　B. 重置成本　　C. 现值　　D. 公允价值

二、**多项选择题**（每小题2分，共10分。多选、错选、不选，均不得分。请将正确的答案填写在下列表中）。

1	2	3	4	5

1. 下列各项中，应计入管理费用的有（　　）。

A. 企业车间支付的业务招待费　　B. 企业支付的银行承兑汇票手续费

C. 企业购买商品时取得现金折扣　　D. 企业发生的诉讼费

2. 下列各项中属于财务会计计量属性的有（　　）。

A. 历史成本　　B. 可变现净值　　C. 现值　　D. 公允价值

3. 下列项目中，属于应付职工薪酬的有（　　）。

A. 辞退福利　　B. 职工福利　　C. 误餐补助　　D. 住房公积金

4. 下列各项中，应列入利润表"资产减值损失"项目的有（　　）。

A. 计提的坏账损失　　B. 计提的固定资产减值损失

C. 交易性金融资产价格下跌　　D. 计提的库存商品跌价损失

5. 下列各项中，应通过"其他货币资金"科目核算的有（　　）。

A. 签发的商业汇票　　B. 签发的银行汇票

C. 签发的转账支票　　D. 签发的银行本票

三、判断题（每小题 1 分，共 10 分）

1. 会计制度规定，企业缴纳的各项税金都通过"应交税费"科目核算。（　　）

2. "长期借款"科目的期末余额，反映企业尚未支付的各种长期借款的本金和利息。（　　）

3. 按会计制度规定，超过标准的业务招待费也应计入管理费用。（　　）

4. 企业可以同时采用实际成本和计划成本对不同的存货进行核算。（　　）

5. 在资产负债表债务法下，企业的应交所得税与所得税费用往往不相等。（　　）

6. 企业用资本公积转增资本，使所有者权益总额不变，但所有者权益内部各项目之间发生结构变动。（　　）

7. 企业发生的利得或损失，应列入营业外收入或营业外支出。（　　）

8. 企业进行年度转账后，"本年利润"账户应无余额。（　　）

9. 企业支付的所得税，属于经营活动现金流量。（　　）

10. 如果一项劳务的开始和完成分属不同的会计年度，按照企业会计准则，应采用完工百分比法确认收入。（　　）

四、计算分析题（每小题 6 分，共 18 分）

1. 星河工业公司存货按实际成本计价进行核算。2016 年 6 月 1 日结存 A 材料 100 千克，每千克实际成本 100 元。本月发生如下经济业务。

（1）3 日，购入 A 材料 50 千克，每千克实际成本 105 元，材料已验收入库。

（2）7 日，购入 A 材料 70 千克，每千克实际成本 98 元。材料已验收入库。

（3）20 日，购入 A 材料 80 千克，每千克实际成本 110 元，材料已验收入库。

（4）本月共发出材料 240 千克，具体包括：5 日，发出 80 千克；12 日，发出 130 千克；25 日，发出 30 千克。

要求：采用先进先出法计算发出材料和结存材料的实际成本。

2. 企业购入的设备于 2012 年 12 月 12 日安装完毕，达到预定可使用状态，其入账价值 1 500 万元，预计使用 5 年，预计净残值率 5%，采用双倍余额递减法计提折旧。

要求：计算 2013—2017 年各年应提折旧额。

3. 公司适用的所得税税率为 25%，所得税核算采用资产负债表债务法。2016 年年初未分配利润贷方余额 20 万元；本年实现利润总额 100 万元，其中包括国库券利息收入 4 万元和支付的税收罚款 6 万元；除此之外，企业无其他纳税调整。

要求：

（1）计算 2016 年应纳税所得额和应交所得税。

（2）计算 2016 年净利润和提取的法定盈余公积。

（3）假定当年分配现金股利 30 万元，计算年末未分配利润余额。

五、会计分录题（每小题 2 分，共 26 分。要求：逐题编制会计分录，涉及“应交税费”科目的，必须写出明细科目。金额单位为“元”表示）

1. 委托银行签发银行汇票一张，面值 100 000 元用于采购材料。

2. 销售产品一批，价款 30 000 元，增值税 5 100 元，商品发出，当日收到转账支票一张送存银行。

3. 以银行存款回购本企业股票 100 万股，收购价 4.5 元/股。发行时该股票的面值为 1 元/股。

4. 企业收回上年已经核销的坏账准备 3 000 元。

5. 以银行存款购买 A 公司有表决权股份的 30%，实际支付价款 1 000 000 元，另支付相关税费 20 000 元，能够对 A 公司施加重大影响，投资时 A 公司可辨认净资产公允价值为 3 000 000 元。

6. 本月应付职工薪酬为 134 000 元，其中生产工人工资 40 000 元，车间管理人员工资 12 000 元，企业管理人员工资 35 000 元，销售人员工资 47 000 元。

7. 2016 年 4 月 1 日以银行存款 168 500 元买入 B 公司于 2015 年 4 月 1 日发行的 3 年期债券作为交易性金融资产。支付的价款中包括：交易费用 1 500 元、已到付息期但尚未领取的债券利息 8 000 元。

8. 出售一项商标权，该商标权的账面余额 10 万元，已摊销 6 万元，取得转让价款 4 万元存入银行，应交增值税 0.24 万元。

9. 计算本月应付长期借款利息 50 000 元，其中 60%符合工程资本化条件。

10. 开发一项专利，发生支出 60 000 元，假定全部为职工薪酬。其中 40 000 元属于资本化支出，另外 20 000 元属于费用化支出。

11. 以盈余公积弥补亏损 100 000 元。

12. 发行每年付息债券 8 000 000 元，发行价等于面值，价款已存入银行。

13. 年末，按债券面值的 6%计提债券利息，列入当期损益。

六、综合题（本题 21 分）

甲企业为增值税一般纳税人，增值税税率为 17%。2016 年发生固定资产业务如下：

（1）2 月 10 日，企业管理部门购入一台不需安装的 A 设备，取得的增值税专用发票上注明的设备价款为 350 万元，增值税为 59.5 万元，另发生运费 1.5 万元、增值税 0.165 万元，款项均以银行存款支付。

（2）A 设备经过调试后，于 2 月 26 日投入使用，预计使用 10 年，净残值为 15.5 万元，决定采用平均年限法计提折旧。

（3）7 月 15 日，企业生产车间购入一台需要安装的 B 设备，取得的增值税专用发票上注明的设备价款为 600 万元，增值税为 102 万元，另发生运费 7 万元、增值税 0.77 万元，款项均以银行存款支付。

（4）8 月 19 日，将 B 设备投入安装，以银行存款支付安装费 3 万元。B 设备于 8 月 25 日达到预定使用状态，并投入使用。

（5）B 设备采用工作量法计提折旧，预计净残值为 10 万元，预计总工时为 5 万小时。9 月，B 设备实际使用工时为 1 000 小时。

要求：

（1）编制甲企业 2016 年 2 月 10 日购入 A 设备的会计分录。

（2）计算甲企业 2016 年 3 月 A 设备的折旧额并编制会计分录。

（3）编制甲企业 2016 年 7 月 15 日购入 B 设备的会计分录。

（4）编制甲企业 2016 年 8 月安装 B 设备及其投入使用的会计分录。

（5）计算甲企业 2016 年 9 月 B 设备的折旧额并编制会计分录。

（答案中的金额单位用万元表示）

附录四

《财务会计》模拟试题二

一、**单项选择题**（每小题1分，共15分。多选、错选、不选，均不得分。请将正确的答案填写在下列表中）

1	2	3	4	5	6	7	8	9	10	11	12	13	14	15

1. 下列说法中，体现了可比性要求的是（　　）。

A. 对融资租入的固定资产视同自有固定资产核算

B. 发出存货的计价方法一经确定，不得随意改变，如有变更需在财务报告中说明

C. 对有的资产、负债采用公允价值计量

D. 期末对存货采用成本与可变现净值孰低法计价

2. 支票的提示付款期限自出票日起（　　）。

A. 10日　　B. 1个月　　C. 2个月　　D. 3个月

3. 某企业采用先进先出法计算发出材料的成本。2016年3月1日结存A材料100吨，每吨实际成本为400元；4月4日和5月17日分别购进A材料300吨和400吨，每吨实际成本分别为350元和420元；4月10日和5月27日分别发出200吨A材料。A材料5月末账面余额为（　　）元。

A. 30 000　　B. 25 601　　C. 17 800　　D. 16 800

4. M企业的存货按计划成本核算，期初甲材料库存数量为200吨，其计划成本为2 000元，"材料成本差异"账户的借方余额为100元，本月购入甲材料200吨，实际成本2 050元，则本期甲材料成本差异率为（　　）。

A. 1.2%　　B. 2.5%　　C. 3.75%　　D. 4%

5. 某企业决定对应收账款和其他应收款按其余额的5%计提坏账准备。2016年12月1日，"坏账准备"科目贷方余额为10 000元，本期发生了坏账40 000元。2016年12月

31日，“应收账款”明细科目借方余额为700 000元，“其他应收款”明细科目借方余额为100 000元。该企业2016年12月31日应计提的坏账准备为（　　）元。

A. 10 000　　B. −70 000　　C. −10 000　　D. 70 000

6. 企业对下列与交易性金融资产有关的业务进行会计处理时，不应贷记“投资收益”科目的是（　　）。

A. 确认持有期间获得的现金股利

B. 期末持有的交易性金融资产的公允价值高于其账面价值的差额

C. 确认持有期间获得的债券利息

D. 转让交易性金融资产收到的价款大于其账面价值的差额

7. 企业购入3项没有单独标价的不需要安装的固定资产A、B、C，实际支付的价款总额为100万元。其中固定资产A的公允价值为60万元，固定资产B的公允价值为40万元，固定资产C的公允价值为20万元。固定资产B的入账价值为（　　）万元。

A. 60　　B. 40　　C. 33.33　　D. 16.67

8. 下列各项中，关于资产减值的表述不正确的是（　　）。

A. 长期股权投资减值损失一经确认，在以后会计期间不得转回

B. 投资性房地产减值损失一经确认，在以后会计期间不得转回

C. 可供出售金融资产减值损失一经确认，在以后会计期间不得转回

D. 持有至到期投资已确认减值损失在以后又得以恢复的，可在原计提的减值准备金额内转回

9. A公司于2016年10月5日从证券市场上购入B公司发行在外的股票100万股作为可供出售金融资产，每股支付价款6元（含已宣告但尚未发放的现金股利0.5元），另支付相关费用12万元，不考虑其他因素，则A公司可供出售金融资产取得时的入账价值为（　　）万元。

A. 600　　B. 612　　C. 550　　D. 562

10. 下列与可供出售金融资产相关的交易或事项中，不应计入当期损益的是（　　）。

A. 可供出售金融资产发生的减值损失

B. 可供出售金融资产持有期间取得的现金股利

C. 取得可供出售金融资产发生的相关交易费用

D. 可供出售债务工具减值损失转回

11. 某企业2016年12月25日购入一套设备，该设备的成本为330万元，预计使用年限为10年，预计净残值为30万元。采用双倍余额递减法计提折旧，2016年应该计提的折旧额为（　　）万元。

A. 33　　B. 64.9　　C. 30　　D. 66

12. 下列项目中，不属于投资性房地产的是（　　）。

A. 已出租的建筑物
B. 已出租的土地使用权
C. 持有并准备增值后转让的土地使用权
D. 以经营租赁方式租入的建筑物再转租给其他单位

13. 下列各项中，应计入长期待摊费用的是（　　）。
A. 生产车间固定资产日常修理支出
B. 生产车间固定资产更新改造支出
C. 经营租赁方式租入固定资产改良支出
D. 融资租赁方式租入固定资产改良支出

14. 2016年1月10日，甲公司收到专项财政拨款60万元，用以购买研发部门使用的某特种仪器。2016年6月20日，甲公司购入该仪器后立即投入使用。该仪器预计使用年限为10年，预计净残值为零，采用年限平均法计提折旧。不考虑其他因素，2016年度甲公司应确认的营业外收入为（　　）万元。
A. 3　B. 3.5　C. 5.5　D. 6

15. 房地产开发企业用于在建商品房的土地使用权，在资产负债表中应列示的项目为（　　）。
A. 存货　B. 固定资产　C. 无形资产　D. 投资性房地产

二、多项选择题（每小题2分，共20分。多选、错选、不选，均不得分。请将正确的答案填写在下列表中）

1	2	3	4	5	6	7	8	9	10

1. 下列做法中，符合谨慎性要求的有（　　）。
A. 对应收账款计提坏账准备
B. 在物价上涨时对存货计价采用先进先出法
C. 被投资企业当年发生严重亏损，投资企业对此项长期投资计提减值准备
D. 对本期销售的商品计提产品质量保证费用

2. 以下对现金收支规定的说法，正确的有（　　）。
A. 因采购地点不确定、交通不便、抢险救灾以及其他特殊情况必须使用现金的单位，应向开户银行提出书面申请，由本单位财会部门负责人签字盖章，并经开户银行审查批准后予以支付
B. 开户单位从开户银行提取现金时，应如实写明提取现金的用途，由本单位财会部门负责人签字盖章，并经开户银行审查批准后予以支付
C. 开户单位支付现金，可以从本单位库存现金限额中支付或从开户银行提取，还

可以从本单位的现金收入中直接支付

D. 不准用不符合国家统一的会计制度的凭证顶替库存现金；不准谎报用途套取现金

3. 如果企业存在境外业务，在选定境外经营的记账本位币时，应当考虑的因素有（　　）。

A. 境外经营对其所从事的活动是否拥有很强的自主性

B. 境外经营活动所采用的会计政策与国内会计政策的趋同性

C. 境外经营活动中与企业的交易是否在其全部经营活动中占有较大比重

D. 境外经营活动产生的现金流量是否直接影响企业的现金流量，是否可以随时汇回

4. 下列各项中，应计入存货采购成本的有（　　）。

A. 采购价款　　B. 入库前的挑选整理费

C. 运输途中的合理损耗　　D. 存货入库后发生的仓储费用

5. 下列关于可供出售金融资产的表述，不正确的有（　　）。

A. 可供出售金融资产中，债务工具投资应该按照摊余成本进行后续计量，权益工具投资应该按照公允价值进行后续计量

B. 在终止确认可供出售金融资产时，应将原来计入其他综合收益中的金额转出至公允价值变动损益科目

C. 可供出售金融资产在持有期间宣告发放的利息或现金股利应当确认为投资收益

D. 可供出售金融资产发生的减值损失一经计提，以后期间不能转回

6. 下列关于可供出售金融资产的表述中，正确的有（　　）。

A. 可供出售金融资产发生的减值损失应计入当期损益

B. 可供出售金融资产的公允价值变动应计入当期损益

C. 取得可供出售金融资产发生的交易费用应直接计入资本公积

D. 处置可供出售金融资产时，以前期间因公允价值变动计入其他综合收益的金额应转入当期损益

7. 下列各项中，影响固定资产折旧的因素有（　　）。

A. 固定资产原价　　B. 固定资产的预计使用寿命

C. 固定资产预计净残值　　D. 已计提的固定资产减值准备

8. 下列各项中，应计提固定资产折旧的有（　　）。

A. 经营租入的设备

B. 已投入使用但未办理竣工决算的厂房

C. 融资租入的办公楼

D. 已达到预定可使用状态但未投产的生产线

9. 企业将境外经营的财务报表折算为以企业记账本位币反映的财务报表时，应当采用资产负债表日即期汇率折算的项目有（　　）。

A. 固定资产　　B. 应付账款　　C. 营业收入　　D. 未分配利润

10. 下列各项中，属于非货币性资产的有（　　）。

A. 应收账款　　B. 无形资产

C. 在建工程　　D. 长期股权投资

三、判断题（每小题 1 分，共 10 分）

1. 企业现金清查中对于无法查明原因的现金短缺，经批准后应计入管理费用。（　　）

2. 材料成本差异月末借方有余额，反映企业库存材料的超支差异；如为贷方差异，反映库存材料的节约差异。（　　）

3. 商业折扣是指企业为了鼓励债务人在规定的期限内及早付款，而向债务人提供的债务扣除。（　　）

4. 现金折扣是指企业为了鼓励客户多购商品而在商品标价上给予的优惠。（　　）

5. 企业将土地使用权用于自行开发建造自用厂房的，该土地使用权与厂房应分别进行摊销和提取折旧。（　　）

6. 非货币性资产交换不具有商业实质的，支付补价方应以换出资产的账面价值加上支付的补价和应支付的相关税费作为换入资产的成本，不确认损益。（　　）

7. 在符合资本化条件的借款费用中，专门借款辅助费用按实际利率摊销的金额，在购建固定资产达到预定可使用状态前，应当计入所购建固定资产的成本。（　　）

8. 原材料已入库，单据已到，计划成本可以不通过材料采购科目直接计入原材料。（　　）

9. 可供出售金融资产属于债券投资的，在计算投资收益时需要考虑利息调整。（　　）

10. 企业支付职工的经济补偿，不属于职工的薪酬内容。（　　）

四、计算分析题（每小题 15 分，共 30 分）

1. 某企业 2016 年 6 月 1 日的银行存款日记账余额为 13 505 元，6 月发生下列银行存款的收付业务：

（1）5 日，以银行存款 2 000 元支付购入材料运费。

（2）10 日，收到应收账款 20 000 元，存入银行。

（3）15 日，从银行提取现金 500 元备用。

（4）19 日，以银行存款 19 680 元支付甲材料价款 16 820 元，增值税 2 860 元。

（5）20 日，以银行存款 8 400 元支付购买乙材料款 7 179 元，增值税 1 221 元。

（6）21 日，销售产品一批，货款 14 000 元，增值税 2 380 元，存入银行，共计 16 380 元。

（7）22 日，以银行存款支付机器修理费 188 元。

6 月 30 日银行送来对账单，内容如下：

单位：元

时间	摘要	结算凭证号	存入	支出	存或欠	余额
6.1	余额				存	13 505
6.10	转账收入		20 000			
6.15	支出			500		
6.16	代付电费			1 560		
6.19	支出			19 680		
6.20	支出			200		
6.30	存款利息		2 454			
6.30	代收货款		5 940			
6.30	支出			8 400	存	11 559

要求：

（1）登记银行存款日记账，并结出 6 月 30 日账面余额。

（2）指出未达账项有哪些。

（3）编制 6 月 30 日银行存款余额调节表。

2. 甲公司和乙公司均为增值税一般纳税人，增值税基本税率为 17%，运输业的增值税税率为 11%。本月发生非货币性资产交换如下：

（1）甲公司换出 A 商品的账面价值为 180 000 元、公允价值为 200 000 元。另以银行存款支付换入 B 商品的运输费 3 000 元，增值税 330 元。

（2）乙公司换出 B 商品的账面价值为 210 000 元、公允价值为 200 000 元的。另以银行存款支付换入 A 商品的运输费 5 000 元，增值税 550 元。

（3）双方换入资产均作为库存商品管理。

（4）假设双方交换具有商业实质且 A、B 商品的公允价值能够取得，采用公允价值计量。

五、综合题（本题 25 分）

甲公司 2016 年度利润表中的利润总额为 800 万元，该公司适用的所得税税率为 25%，所得税采用资产负债表债务法进行核算。2016 年发生的有关交易或事项中，会计处理与税收处理存在的差别有：

（1）2015 年 12 月取得一项固定资产，成本为 500 万元，使用年限为 10 年，净残值为零，会计上按双倍余额递减法计提折旧，税收按平均年限法计提折旧。假定税法规定的使用年限与净残值与会计规定相同。

（2）向某公司赞助 60 万元现金。

（3）应付违法经营罚款 20 万元。

（4）期末对持有的存货计提了 45 万元的存货跌价准备。

要求：

（1）分析以上四项业务，指出哪些业务影响暂时性差异。

（2）计算应纳税所得额和应交所得税。

（3）计算确定递延所得税资产和递延所得税负债金额。

（4）编制所得税的相关会计分录。

附录五

《财务会计》模拟试题三

一、单项选择题（每小题 1 分，共 15 分。多选、错选、不选，均不得分。请将正确的答案填写在下列表中）

1	2	3	4	5	6	7	8	9	10	11	12	13	14	15

1. 甲公司于 2014 年 7 月 1 日以每股 25 元的价格购入华山公司发行的股票 100 万股，并划分为可供出售金融资产。2014 年 12 月 31 日，该股票的市场价格为每股 27.5 元。2015 年 12 月 31 日，该股票的市场价格为每股 23.75 元，甲公司预计该股票价格的下跌是暂时的。2016 年 12 月 31 日，该股票的市场价格为每股 22.5 元，甲公司仍然预计该股票价格的下跌是暂时的，则 2016 年 12 月 31 日，甲公司应做的会计处理为借记（　　）。

A. “资产减值损失”账户 250 万元

B. “公允价值变动损益”账户 125 万元

C. “其他综合收益”账户 250 万元

D. “其他综合收益”账户 125 万元

2. 2016 年 6 月 1 日，甲公司从二级市场购入丙公司面值为 200 万元的债券，支付的总价款为 195 万元（其中包括已到付息期但尚未领取的利息 4 万元），另支付相关交易费用 1 万元，甲公司将其划分为可供出售金额资产。该资产入账对应的“可供出售金融资产——利息调整”科目的金额为（　　）万元。

A. 4（借方）　B. 4（贷方）　C. 8（借方）　D. 8（贷方）

3. A 公司 2016 年 3 月 20 日外购一幢建筑物。该建筑物的买价（含税）为 800 万元，预计使用年限为 10 年，净残值为 80 万元，款项以银行存款支付。该建筑物购买后立即用于出租，租期 3 年，租金总额 300 万元。2016 年应收取的租金为 75 万元。该企业对投资性房地产采用公允价值模式进行后续计量。2016 年 12 月 31 日，该建筑物的公允价值为 830 万元。不考虑其他因素，则该项投资性房地产对 2016 年度损益的影响金额为（　　）万元。

A. 105　　B. 56　　C. 21　　D. 75

4. 某企业自 2016 年 4 月开始自行研发一项非专利技术，至 2016 年 12 月 31 日研发成功并达到预定可使用状态，累计研究支出为 200 万元，累计开发支出为 500 万元（其中符合资本化条件的支出为 400 万元）。该非专利技术使用寿命不能合理确定，假定不考虑其他因素，该业务导致企业 2016 年度利润总额减少（　　）万元。

A. 200　　B. 300　　C. 500　　D. 600

5. A 公司对一座办公楼进行更新改造，该办公楼原值为 2 000 万元，已计提折旧 1 000 万元。更新改造过程中发生支出 800 万元，被替换部分账面原值为 600 万元，出售价款为 200 万元。则新办公楼的入账价值为（　　）万元。

A. 1 150　　B. 1 500　　C. 1 048　　D. 1 052

6. 企业对向职工提供的非货币性福利进行计量时，应选择的计量属性是（　　）。

A. 现值　　B. 历史成本　　C. 重置成本　　D. 公允价值

7. 2016 年 12 月 31 日，甲公司库存丙材料的实际成本为 100 万元。不含增值税的销售价格为 80 万元，拟全部用于生产 1 万件丁产品。将该批材料加工成丁产品尚需投入的成本总额为 40 万元。由于丙材料市场价格持续下降，丁产品每件不含增值税的市场价格由原 160 元下降为 110 元。估计销售该批丁产品将发生销售费用及相关税费合计为 2 万元。不考虑其他因素，2016 年 12 月 31 日，甲公司该批丙材料的账面价值应为（　　）万元。

A. 68　　B. 70　　C. 80　　D. 100

8. 报经批准后计入营业外支出的是（　　）。

A. 结转售出材料的成本

B. 采购原材料运输途中合理损耗

C. 管理原因导致的原材料盘亏

D. 自然灾害导致的原材料损失

9. 关于投资性房地产后续计量表述正确的是（　　）。

A. 采用公允价值模式计量的，应计提折旧或摊销

B. 采用成本模式计量的，应计提折旧或摊销

C. 同一企业可以同时采用公允价值模式和成本模式进行核算

D. 采用公允价值模式计量的，需要计提减值准备

10. 下列各项中，应列入“支付给职工以及为职工支付的现金”项目的是（　　）。

A. 支付现金股利

B. 支付在建工程人员薪酬

C. 代扣代缴个人所得税

D. 支付职工差旅费

11. 以下属于资产负债表非流动负债的是（　　）。

A. 预收账款　　B. 其他应付款

C. 应付股利　　D. 递延收益

12. 下列各项中，应计入营业税金及附加的是（　　）。

A. 制造业企业转让自用房产应缴纳的土地增值税

B. 交通运输业提供运输服务应缴纳的增值税

C. 拥有并使用车船的制造业企业应缴纳的车船税

D. 天然气企业对外出售天然气应缴纳的资源税

13. 2016 年 6 月 5 日，甲公司委托某量具厂加工一批模具，发出材料的计划成本为 80 000 元，材料成本差异率为 5%，以银行存款支付运杂费 2 000 元；6 月 25 日以银行存款支付上述量具的加工费用 20 000 元；6 月 30 日收回委托加工的量具，并以银行存款支付运杂费 3 000 元。假定不考虑其他因素，甲公司收回该批量具的实际成本为（　　）元。

A. 102 000　　B. 103 000　　C. 105 000　　D. 109 000

14. 下列各项中，应通过“其他应付款”科目核算的是（　　）。

A. 应付供应商的材料采购款　　B. 应付经营租赁固定资产租金

C. 应付给投资者的股票股利　　D. 应付给投资者的现金股利

15. 下列各项资产减值准备中，在以后会计期间符合转回条件予以转回时，应直接计入所有者权益类科目的是（　　）。

A. 坏账准备　　B. 持有至到期投资减值准备

C. 可供出售权益工具减值准备　　D. 可供出售债务工具减值准备

二、**多项选择题**（每小题 2 分，共 20 分。多选、错选、不选，均不得分。请将正确的答案填写到下表中）

1	2	3	4	5	6	7	8	9	10

1. 下列各项中，属于投资性房地产的有（　　）。

A. 房地产企业持有的待售商品房

B. 以经营租赁方式出租的商用房

C. 以经营租赁方式出租的土地使用权

D. 以经营租赁方式租入后再转租的建筑物

2. 企业计提固定资产折旧时，下列会计分录正确的有（　　）。

A. 计提行政管理部门固定资产折旧：借记“管理费用”科目，贷记“累计折旧”科目

B. 计提生产车间固定资产折旧：借记“制造费用”科目，贷记“累计折旧”科目

C. 计提专设销售机构固定资产折旧：借记“销售费用”科目，贷记“累计折旧”科目

D. 计提自建工程使用的固定资产折旧：借记“在建工程”科目，贷记“累计折旧”科目

3. 下列关于无形资产会计处理的表述中，正确的有（ ）。

A. 无形资产均应确定预计使用年限并分期摊销

B. 有偿取得的自用土地使用权应确认为无形资产

C. 内部研发项目开发阶段支出应全部确认为无形资产

D. 无形资产减值损失一经确认在以后会计期间不得转回

4. 企业在固定资产发生资本化后续支出并达到预定可使用状态时进行的下列各项会计处理中，正确的有（ ）。

A. 重新预计净残值　　B. 重新确定折旧方法

C. 重新确定入账价值　　D. 重新预计使用寿命

5. 2016 年 7 月 1 日，甲公司因财务困难以其生产的一批产品偿付了应付乙公司的账款 1 200 万元，该批产品的实际成本为 700 万元，未计提存货跌价准备，公允价值为 1 000 万元，增值税销项税额 170 万元由甲公司承担，不考虑其他因素，甲公司进行的下述会计处理中，正确的有（ ）。

A. 确认债务重组利得 200 万元

B. 确认主营业务成本 700 万元

C. 确认主营业务收入 1 000 万元

D. 终止确认应付乙公司账款 1 200 万元

6. 下列各项中，属于固定资产减值迹象的有（ ）。

A. 固定资产将被闲置

B. 计划提前处置固定资产

C. 有证据表明资产已经陈旧过时

D. 企业经营所处的经济环境在当期发生重大变化且对企业产生不利影响

7. 下列各项中，影响当期损益的有（ ）。

A. 无法支付的应付款项

B. 因产品质量保证确认的预计负债

C. 研发项目在研究阶段发生的支出

D. 可供出售权益工具投资公允价值的增加

8. 下列关于金融资产后续计量的表述中，正确的有（ ）。

A. 贷款和应收款项应采用实际利率法，按摊余成本计量

B. 持有至到期投资应采用实际利率法，按摊余成本计量

C. 交易性金融资产应按公允价值计量，并扣除处置时可能发生的交易费用

D. 可供出售金融资产应按公允价值计量，并扣除处置时可能发生的交易费用

9. 下列关于资产负债表外币折算的表述中，正确的有（　　）。

A. 外币报表折算差额应在所有者权益项目下列示

B. 采用历史成本计量的资产项目应按资产确认时的即期汇率折算

C. 采用公允价值计量的资产项目应按资产负债表日即期汇率折算

D. "未分配利润"项目以外的其他所有者权益项目应按发生时的即期汇率折算

10. 下列各项资产，计提的减值不可以转回的是（　　）。

A. 无形资产　　B. 投资性房地产

C. 固定资产　　D. 持有至到期投资

三、判断题（每小题 1 分，共 10 分）

1. 可供出售金融资产、持有至到期投资，被投资方宣告发放的现金股利或期末计提利息计入投资收益。(　)

2. 权益法下被投资单位采用的会计政策及会计期间与投资企业不一致的，应当按照投资企业的会计政策和会计期间对被投资单位的财务报表进行调整，并据以确认投资收益和其他综合收益。(　　)

3. 企业用现金支付采购人员的差旅费，应反映在现金流量表"购买商品、接受劳务支付的现金"项目中。(　　)

4. 寿命有限的无形资产，如无法可靠确定预期经济实现的方式，应采用直线法摊销。(　　)

5. 对于持续一段时间但在同一会计期间内开始并完成的劳务，企业应在为提供劳务发生相关支出时确认劳务成本，劳务完成时再确认劳务收入，并结转相关劳务成本。(　　)

6. 在市场物价持续上升时，发出存货采用先进先出计价法会导致期末存货的成本背离近期市场价格，从而低估资产负债表中存货项目的价值和利润表中当期营业利润。(　　)

7. 对于随同出售而不单独计价的包装物，企业应按其实际成本计入销售费用。(　　)

8. 现金流量表中"偿还债务支付的现金"项目反映企业为偿还债务利息而支付的现金。(　　)

9. 企业购入设备发生的具有融资性质的超期支付的价款，应确认为长期应付款。(　　)

10. 累计带薪缺勤是指带薪权利可以结转下期的带薪缺勤，本期尚未用完的带薪缺勤权可以在未来期间使用。(　　)

四、计算分析题（每小题 15 分，共 30 分）

1. 甲公司系增值税一般纳税人，开设有外汇账户，会计核算以人民币作为记账本位

币，外币交易采用交易发生日的即期汇率折算。该公司某年 12 月发生的外币业务及相关资料如下：

（1）5 日，从国外乙公司进口原料一批，货款 200 000 欧元，当日即期汇率为 1 欧元=8.50 元人民币，按规定应交进口关税人民币 170 000 元，应交进口增值税人民币 317 900 元。货款尚未支付，进口关税及增值税当日以银行存款支付，并取得海关完税凭证。

（2）14 日，向国外丙公司出口销售商品一批（不考虑增值税），货款 40 000 美元，当日即期汇率为 1 美元=6.34 元人民币，商品已经发出，货款尚未收到，但满足收入确认条件。

（3）16 日，以人民币从银行购入 200 000 欧元并存入银行，当日欧元的卖出价为 1 欧元=8.30 元人民币，中间价为 1 欧元=8.26 元人民币。

（4）20 日，因增资扩股收到境外投资者投入的 1 000 000 欧元，当日即期汇率为 1 欧元=8.24 元人民币，其中，人民币 8 000 000 元作为注册资本入账。

（5）25 日，向乙公司支付部分前欠进口原材料款 180 000 欧元，当日即期汇率为 1 欧元=8.51 元人民币。

（6）28 日，收到丙公司汇来的货款 40 000 美元，当日即期汇率为 1 美元=6.31 元人民币。

（7）31 日，根据当日即期汇率对有关外币货币性项目进行调整并确认汇兑差额，当日有关外币的即期汇率为 1 欧元=8.16 元人民币；1 美元=6.30 元人民币。有关项目的余额如下：

项　　目	外币金额	调整前人民币金额
银行存款（美元户）	40 000 美元（借方）	252 400 元（借方）
银行存款（欧元户）	1 020 000 欧元（借方）	8 360 200 元（借方）
应付账款（欧元户）	20 000 欧元（贷方）	170 000 元（贷方）
应收账款（美元户）		

要求：

（1）根据资料（1）至（6），编制甲公司与外币业务相关的会计分录。

（2）根据资料（7），计算甲公司某年 12 月 31 日确认的汇兑差额，并编制相应的会计分录。

2. 甲公司 2016 年 3 月 1 日赊销商品给 B 公司，售价 100 万元，成本 80 万元，增值税税率为 17%，当天 B 公司开出不带息商业汇票一张，面值为 117 万元，期限为 6 个月。甲公司于 2016 年 6 月 1 日将票据贴现给银行，不附追索权，银行执行贴现率 7%。

要求：

（1）计算贴现期。

（2）计算贴现息及贴现额。

（3）完成以上业务的会计分录。

五、综合题（本题25分）

甲公司为上市公司，2016年有关资料如下。

（1）甲公司2016年年初的递延所得税资产借方余额为190万元，递延所得税负债贷方余额为10万元，具体构成项目如下：

单位：万元

项　目	可抵扣暂时性差异	递延所得税资产	应纳税暂时性差异	递延所得税负债
应收账款	60	15		
交易性金融资产			40	10
可供出售金融资产	200	50		
预计负债	80	20		
可税前抵扣的经营亏损	420	105		
合　计	760	190	40	10

（2）甲公司2016年度实现的利润总额为1 610万元。2016年度相关交易或事项资料如下：

① 年末转回应收账款坏账准备20万元。根据税法规定，转回的坏账损失不计入应纳税所得额。

② 年末根据交易性金融资产公允价值变动确认公允价值变动收益20万元。根据税法规定，交易性金融资产公允价值变动收益不计入应纳税所得额。

③ 年末根据可供出售金融资产公允价值变动增加其他综合收益40万元。根据税法规定，可供出售金融资产公允价值变动金额不计入应纳税所得额。

④ 当年实际支付产品保修费用50万元，冲减前期确认的相关预计负债；当年又确认产品保修费用10万元，增加相关预计负债。根据税法规定，实际支付的产品保修费用允许税前扣除。但预计的产品保修费用不允许税前扣除。

⑤ 当年发生研究开发支出100万元，全部费用化计入当期损益。根据税法规定，计算应纳税所得额时，当年实际发生的费用化研究开发支出可以按50%加计扣除。

（3）2016年年末资产负债表相关项目金额及其计税基础如下：

单位：万元

项　目	账面价值	计税基础
应收账款	360	400
交易性金融资产	420	360

续表

项　　目	账面价值	计税基础
可供出售金融资产	400	560
预计负债	40	0
可税前抵扣的经营亏损	0	0

（4）甲公司适用的所得税税率为 25%，预计未来期间适用的所得税税率不会发生变化，未来期间能够产生足够的应纳税所得额用以抵扣可抵扣暂时性差异；不考虑其他因素。

要求：

（1）根据上述资料，计算甲公司 2016 年应纳税所得额和应交所得税金额。

（2）根据上述资料，计算甲公司各项目 2016 年年末的暂时性差异金额。

（3）根据上述资料，逐笔编制与递延所得税资产或递延所得税负债相关的会计分录。

（4）根据上述资料，计算甲公司 2016 年所得税费用金额。

反侵权盗版声明